U0100507

大展好書　好書大展
品嘗好書　冠群可期

大展好書　好書大展
品嘗好書　冠群可期

楊式太極拳 14

傳統楊氏85式太極拳拳譜

附DVD

王培昌　著

大展出版社有限公司

作者簡介

王培昌，黑龍江省太極拳名家，歷任黑龍江省太極拳協會副會長，黑龍江省楊氏太極拳研究會會長。1939年生於上海，退休前為哈爾濱汽輪機廠高級工程師。幼承家學，十餘歲時，始習楊式太極拳械，16歲入上海著名楊式太極拳家董世祚先生門下，系統學習楊式太極拳術。大學畢業後，王培昌由南及北，以武會友，28歲遇陳照奎先生弟子鄭明溪學習陳式太極拳新架一、二路，盡得所學。

32歲遇吳圖南老先生弟子張宇，系統學習吳圖南式太極拳、械及楊式小架。曾多次進京拜見吳圖南先生，進而承圖南先生指授，深得真傳。

　　王培昌潛心研究楊、陳、吳圖南式太極拳數十年，勤學不輟、融會貫通，故而功夫純正，技藝精湛，走架打手卓然大家。性情溫和，平易近人，待人和藹。退休後，於2001年任哈爾濱太極拳協會主教練，致力於太極拳的發展和傳播事業，備受海內外弟子及眾多拳友的尊重和擁戴。

　　2003年3月獲得哈爾濱太極拳協會頒發的奉獻杯獎。

　　2005年元月派學生6人參加「哈爾濱首屆國際冰雪節太極拳邀請賽」，獲得6金2銀1銅的好成績。

　　2006年5月受《中國功夫》雜誌社及國際功夫總會的邀請參加「第三屆全國太極拳名家研討會暨首屆國際太極拳名家論壇」，並在會上與著名太極拳家馬虹、傅聲遠、陳龍驤等共同探討今後太極拳的發展方向，並作拳架、推手演示，得到一致好評。

　　2008年5月受《中國功夫》雜誌社及國際功夫總會的邀請參加2008年永年國際太極拳名家論壇，與太極拳名家互相交流拳藝、體會，並發表論文。

　　自2001年至今，任歷屆市、省、國際太極拳邀

請賽仲裁之職。王培昌先後被授予「哈爾濱市著名拳師」「哈爾濱市太極拳名家」「哈爾濱市老武術家」「黑龍江省太極拳名家」稱號。

如今，王培昌雖然已近耄耋之年，但行拳走架依然步法輕靈敏捷，意勁脆快分明，勾掛彈抖，蕩擊合一，通體貫穿，絲毫無間，真是無一處不輕靈，無一處不堅韌，無一處不順遂。每個見識過王培昌太極功夫的人無不對他的技藝歎為觀止，而每個與他談論過太極拳理論的人無不被他獨到的見解折服。他在幾十年學練和鑽研太極拳的過程中總結出了大量功法理論，撰寫了十餘篇太極拳文章。

自　序

　　太極拳的歷史凡練拳者均知道，「陳家拳，楊家傳」，楊家拳出於陳家。自從楊露禪進京授拳定天下至今已有一百多年的歷史。在這一百多年裡，太極拳在飛速地發展及演變著。

　　新中國成立以前，從楊家拳衍生出吳、武、孫等流派，從而太極拳主流派內又分出陳、楊、吳、武、孫五大流派，流行大江南北。

　　新中國成立以後，太極拳的事業如火如荼地發展起來。伴隨著「發展體育運動，增強人民體質」的全民健身行動，國家體委在楊式太極拳的基礎上編出24式簡化太極拳、88式太極拳和48式太極拳。它們一直為我國人民所喜愛。尤其是，在改革開放的年代裡，太極拳作為我國的瑰寶，成為國際文化交流的主要使者。

　　為了讓世界各國瞭解我國的太極文化，瞭解我國的優秀文化遺產，國家體委在傳統拳的基礎上，更進一步地創編出太極拳競賽套路，包括以

楊式大架為基礎的「42式競賽太極拳」和陳、楊、吳、武、孫五式競賽太極拳。透過競賽、觀摩、表演等形式，太極拳進行著廣泛的國際交流，並獲得了巨大成功。

當今關於太極拳我們可以以1949年前、後劃一個界限。新中國成立前的五大流派為傳統太極拳，新中國成立後根據當時形勢的需要而重新編制的太極拳為現代太極拳。現代太極拳中還存在著普及套路和競賽套路。所以我們可以說，當今21世紀的太極拳，是以傳統太極拳及現代太極拳兩種狀況，傳統套路、普及套路、競賽套路三種形式同時存在。

本人幼承家學，十餘歲時，始習楊式太極拳械，16歲入上海著名楊式太極拳家董世祚先生門下，系統學習楊式太極拳術。大學畢業後，由南及北，以武會友。

楊式太極宗師楊露禪親傳楊班侯，楊班侯親傳楊少侯，楊少侯親傳吳圖南。我在以武會友的路途上，遇到吳圖南老先生弟子張宇，系統學習了吳圖南式太極拳、械及楊式小架，曾多次進京拜見吳圖南先生，進而承圖南先生指授，深得真傳。

　　楊式太極拳以口口相傳為主，以文字形式留下的拳架以楊露禪嫡孫楊澄甫先生所著最為正宗。楊澄甫先生於1934年2月在上海大東書局出版了《太極拳體用全書》，此書成為習練楊式太極拳的正宗藍本。

　　這本書提出了太極拳的「十三要」：「太極拳要點，凡十有三。曰：沉肩墜肘，含胸拔背，氣沉丹田，虛靈頂勁，鬆腰胯，分虛實，上下相隨，用意不用力，內外相合，意氣相連，動中求靜，動靜合一，式式均勻。此十三點，凡一動作，皆要注意，不可無一式中而無此十三要點之觀念，缺一不可。學者希留意參合也。」

　　楊澄甫傳人陳微明在整理詮釋楊澄甫的這「十三要」時精簡為「十要」，即：「虛靈頂勁、含胸拔背、鬆腰、分虛實、沉肩墜肘、用意不用力、上下相隨、內外相合、相連不斷、動中求靜。」這太極拳的「十要」很重要，只有把這「十要」練好了，拳打出來才會有板有眼，拳味也會出來。

　　楊式大架共有85個名稱，俗稱85式，裡面不重式37個。本書的拳譜即為楊式大架之描述，目的是讓讀者瞭解楊式太極拳的要點。現在大家練

拳，大多是集體練習，幾個打得比較好的排在頭前，後面跟了一大批人，我們稱群練。群練在初學時是好的，大家在一起可以相互啟發、相互幫助、相互提醒，形成一種氛圍，但練到一定時候就深入不下去了，我們稱之為「隨幫唱影」。所以說要想深入下去，就應該一個人自己練，這樣才能在靜中妙悟拳理，不斷進步，真正體驗出拳味來。這本書就是要幫助那些想自己練的人來參悟楊式太極拳的動作要領。

我已七十有六，才出這本書，也是一種機緣。2013年，方濱興、許進、褚誠緣、李鳳華、金舒原等人來跟我學拳。他們大都在五十歲上下，沒有任何拳腳基礎，完全是為了健體。他們都是來自我國頂尖高等院校、科研院所的高級知識份子，在他們自己的學術領域中都具有很高的學術地位。

他們是我今生中頭一次遇到的特別學生，我也是破天荒收下了他們，因為沒有任何武術基礎的人，原則上以45歲以上就不宜再傳授傳統太極拳了。由於他們學問高的原因，儘管他們的腿腳並不能達到很好的練習要求，但他們拿出做學問的鑽研精神來細琢每一個動作要領，並追求著知其

然，知其所以然。

這時他們提出我所傳授的傳統楊式太極拳僅僅是口口相傳，應該寫一本能讓練習者反覆研琢的拳譜。他們鼓勵我儘快出一本既能夠朗朗上口、又能夠反映出楊式太極拳內涵的書籍，以饗讀者。在他們的幫助下，我花了一年多的時間寫出了這本傳統楊氏太極拳拳譜，並在每個招式描述中配上了由我親自演練的招式圖。他們為我捉筆潤色，使得這本拳譜變得合轍押韻、便於記憶以至易於背誦了。

在此，我對他們表示誠摯的謝意！

王培昌
於哈爾濱

前　言

　　本書是經過常年的師徒傳授和不斷的拳法演練，最終凝練而成的傳統楊氏85式太極拳拳譜。

　　本拳譜對招式的描述比較細膩，對楊氏85式太極拳每一式的動作過程，都做了極為細緻的闡述。力求對眼、腰、脊、頭、手、指、腕、肘、臂、襠、髖、胯、腿、腳等的運動細節有所交待。本拳譜採取7字律體格式，合轍押韻，朗朗上口，不僅對每一招式的運勁、身體各部位的位置、整體形態做了描述，還儘量包含了對發力方法、攻敵目的或攻敵效果的論述。

　　由於詩句體格式描述能力的限制，看起來好幾句來表達的動作，大多數是一次就完成了的。這是因為太極拳要求的是「上下相隨」，使得在描述時需要分解說明，但在動作中卻是全身同時運動。因此，完全靠本書來自學還是比較難參悟透的，應該先由師傳傳授，然後再看本書，以為參悟，這樣更為合適。

　　「序」的部分還原了「太極拳十三要」的內涵，這一點很少有書論述過，因為人們更多的是論述「太極拳十要」，既然我們認可楊澄甫的《太極拳體用全書》是楊式太極拳的正宗藍本，那麼將其所提出的「太極拳十三要」介紹給讀者還是非常必要的。

　　另外，在「序」中還提及了人們普遍認同的十個訣竅，以及對身法的基本要求。

　　在85式大架中，由於不重式的只有37個，大多數招式屬於重複出現，因此本拳譜對於相同的招式不是簡單重複前面描述過的內容，而是儘量去表述相同招式中的各個不同的細節。例如「攬雀尾」及「上步攬雀尾」，分別出現在第3、26、50、53、68和75式，均有不盡相同的描述方法。這些對相同的招式採取不盡相同的描述模式，不但可以幫助練習者掌握這些拳式的打法，更進一步的，可以幫助練習者融會貫通。

　　如果讀者把對所有相同招式的描述放到一起，就可以看到更為豐富完整的招式描述。因此，雖是同一招式，卻有「橫看成嶺側成峰，遠近高低各不同的」感受，進而便於理解到每一拳式的豐富內涵。

　　同樣，在配圖中，一般一個招式在第一次出現時，所配的圖主要是該招式轉換過程中的「中定」姿勢，就是俗話說的亮相（如進步搬攔捶）；但在招式重複出現時，所配的圖大多是中間的變化過程。因此，如果將一個招式的所有配圖都放到一起（如蹬腳），就可以看出一些招式的中間動作過程。甚至可以將招式圖重新排序，可以形成更為連續、細膩的動作圖（如單鞭）。

　　在「結語」裡面，著重對太極的基本原理和重要的手勢進行了全面總結與闡述。包括對「八門五步」十三式的要點作了總結，闡述了「掤、捋、擠、按」，「採、挒、肘、靠」和「進、退、顧、盼、定」的基本原理和方法；描述了「頭、眼、頸、肩、胸、肘、腰、胯」的基本要點；介紹了人們常聽說的幾種勁。

　　本拳譜是以「安（ㄢ）」音為韻尾，便於上口，年輕人若要背誦也會比較容易。

目　錄

開　篇

太極要領有十三，基本拳理融其間；
行功走架靠拳理，拳味伴隨佳境現。
十三要領有板眼，習練拳法記心間；
所有招式均參合，從一而終貫此念。

虛靈頂勁提精神，頭項豎直神頂貫；
舌頂上齶下頜收，領起全身意自然。
筋骨要鬆皮毛攻[①]，節節貫串虛靈現；
尾閭正中神貫頂，滿身輕利頂頭懸[②]。

含胸拔背為化發，胸略內涵背肩圓；
胸忌挺出氣湧胸，上重必會跟浮顯。

①皮毛攻：毛為血梢，皮毛要攻，是指氣達外表、末梢
　的意思，但仍以鬆柔為核心。
②頂頭懸：即虛靈頂勁。頂為頭頂，頭宜正直，頭頂上
　的勁需虛虛地領起，不能起強勁，若起強勁，頭頂就
　失去機靈之靈氣。

氣斂入骨脊發力，氣貼於背拔背現；
蓄勢待機提精神，腹內鬆靜氣騰然。

氣沉丹田守腹腎，行拳氣通重心堅；
腹收吸氣逆呼吸，膈肌運動內沉現。
下實上虛自輕靈，裹襠護肫周轉便；
丹田為總運四肢，以氣周流百骸遍。

腰胯放鬆添足力，腰腿意在穩下盤；
腰為主宰領太極，虛實變化憑腰轉。
腰鬆利氣上下行，腰內氣緊傳遞斷；
命意源頭在腰隙，不得力處腰腿檢。

虛實分明虛非空，上柳下松①穩如磐；
虛實柔剛變不停，開合虛實即為拳。
處處皆有虛實在，上下前後左右然；
變換虛實須留意，虛實能分輕靈轉。

沉肩墜肘防斷勁，肩骨鬆開忌上翻；
架肩內氣難傳導，肘墜助按放人遠。

---

①上柳下松：柳指柳樹，松指松樹。

沉肩墜肘勢相關，肘不下垂難沉肩；
胸部放鬆氣平沉，沉肩藏招輕靈變。

太極**用意不用力**，精神意念融於拳；
全身鬆開無拙勁，氣血流注日日貫。
意在蓄神不在氣，在氣則滯僵力顯；
勢勢存心揆用意，曲中有直在走黏。

上下相隨發勁整，內外三合②對話先；
發腿宰腰形手指，身在眼後心在先。
腰為中心體隨動，全身同步形不變；
意念輕靈體不僵，意動身動協調轉。

內外相合練形神，虛實開合渾無間；
手足心意俱開合，精神提得動輕便。
內有意念精氣神，外有形態時空現；
內本外導互溝通，內外統一動衡現。

相連不斷意領氣，心到形隨動隨現；

②內三合：心與意合，意與氣合，氣與力合；外三合：
　肩與胯合，肘與膝合，手與腳合。

意到氣到勁隨到，全身受命心主拳。
運勁恰如抽繭絲，用意運勁綿不斷；
勁斷意在一氣成，意斷神在環無端。

動中有靜呼吸長，以靜禦動氣不喘；
身動心平靜如水，氣沉丹田無弊端。
靜中觸動動猶靜，因敵變化神奇顯；
屈腿落胯身中正，緩應急隨理惟貫。

動靜合一源無極，動分靜合屈伸現；
內固精神外示逸，內外靜動相對言。
動則俱動動為開，開中寓合在連貫；
靜則俱靜靜為合，合中寓開神安然。

式式均勻貴有常，輕重宏細勻為先；
邁步輕靈如貓行，運勁抽絲綿不斷。
高低疾徐要平穩，上下俯仰均勻現；
伸縮有度求緩和，行雲流水中正顯。

太極拳理博精深，十個訣竅參照先；
先有**鬆靜通正穩**，再有**合連柔勻圓**。
足起腿發腰胯宰，力形手前過脊肩；

心令氣旗神主帥[1]，腰為驅使協調顯。

鬆在用意不用力，心意神體鬆自然；
四肢百骸節節鬆，五臟六腑亦包含。
鬆中有緊緊不僵，鬆而不懈剛柔現；
動有虛實動鬆柔，由鬆而整鬆而堅。

靜在意念要貫注，靜以待動我壁堅；
外靜排除各干擾，神不外馳視不見。
內靜神氣要內守，意氣力合氣勢現；
心意神靜求恬然，心不靜則拳不專。

通在氣行無滯處，心意神身均通遍；
五臟六腑無不通，四肢百體通為先。
以心行意心主導，以意導氣意在先；
以氣運身務順遂，屈伸開合聽自然。

正在含胸虛頂懸，左搖右擺不可現；
頭脖腰身尾閭正，不撅不突臀內斂。
會陰上提抽拔意，命門著力後弓現；

---

[1]心為令，氣為旗，神為主帥。

氣遍身軀不少滯，中正不偏撐八面。

穩在腰身要正直，鬆腰活胯襠靈變；
穩在腳跟虛實分，腹實腿曲固底盤。
沉著鬆靜非漂浮，源在腰隙意腰間；
足如釘地不可移，力在腰襠來變換。

合在全身要協調，開合自然流暢現；
上下相合左右隨，內外呼應互通先。
肩胯肘膝手足合，心意氣力合之間；
手眼身法步要合，神形意氣功合全。

連在貫穿為一氣，自始至終綿不斷；
立身中正顯安舒，以腰為軸流水現。
走黏相濟連不斷，蓄發相合斷復連；
勢斷勁在周復始，勁斷意在勢相連。

柔在屈伸輕靈緩，從容安舒柔合現；
柔而不軟剛不硬，掤[①]而不架鬆不散。
動如綿中裹鋼鞭，柔韌合一柔非軟；
柔中有剛攻不破，剛中無柔不為堅。

匀在招式要流暢，思緒貫注無雜念；
氣沉丹田要意守，動靜相間匀速現。
疾徐從心不急躁，防止速度快慢變；
更忌快突與斷勁，全身和諧細緻現。

圓在陰陽互包容，內外協調動靜圓；
肢圓體活行十三[②]，身眼步襠均現圓。
轉腰帶胯圓形動，伸手出腳圓弧線；
圓要展開亦緊湊，圓要柔和來旋轉。

---

①掤（ㄆㄥˊ）：以手架掤。原字音「冰（ㄅㄧㄥ）」，
　古指箭筒蓋子。後被太極人士借用以取代「棚」字。
　這是因「掤」有提手旁，比木字旁的「棚」更能反映
　太極拳中的動作，從而取「掤」作為太極拳專用字，
　但仍然發音為「棚（ㄆㄥˊ）」。「掤」字在楊澄甫
　先生1934年所著的《太極拳體用全書第一集》（中
　華書局出版）中已經開始使用，後太極人士普遍用
　「掤」取代「棚」字。
②行十三：指運用八法五步。

第一式 預備勢

預備勢來始練拳，神意內斂虛靜現；
虛靈頂勁體安舒，含胸拔背平視南。
沉肩鬆腰尾閭正，雙腳平行肩距寬；
膝肘略曲臂分垂，調整氣息預備練。（圖1）

第二式 起勢

起勢兩臂掤平舉，手指微張腕領先；
肘領前臂復下落，肩鬆臂圓塌手腕。
沉肩屈肘意注掌，雙指相隨胯前按；
內外合一鬆腰胯，起勢開門楊氏判。（圖2）

圖1　　　　　　　　圖2

第三式 攬雀尾

攬雀尾勢最核心，掤捋擠按四正顯；

雙臂前舉雙腿屈，臂微擺左平同肩。

右跟為軸腰右轉，左腳隨帶點肩寬；

右實左虛圓撐襠，右臂隨腰折胸前。（圖3）

左手下旋腹前收，雙手抱球在胸前；

左足左跨尖西南，左臂拒敵掤向南。

臂抬肩高似抱球，右手下採體側按；

左弓右蹬左掤撐，雙手相合同平面。（圖4）

圖3　　　　　　　　　圖4

右掤向前護右肋，右腳隨帶點右前；
右手上抄左翻折，雙手交合在胸前。
右胯下沉提腳邁，右臂前掤弓步前；
左掌側內追右腕，掌腕有隙雙臂圓。（圖5）

掤勢引敵勁落空，右掌前展左掌翻；
掌心錯對拇朝上，右托敵肘左黏腕。
重心後移坐左腿，腰帶胯轉臂隨旋；
雙手左捋側引化，手劃平圓擺向南。（圖6）

圖5　　　　　　　　　　　圖6

擠勢奪勁合即出，左掌旋翻貼右腕；
轉腰坐腿面向西，胸前交叉護中線。
後手發力向前擠，伸腰長往沉肘肩；
眼神上送走橫勁，前弓後繃雙臂圓。（圖7）

按勢先引後反擊，雙掌下翻平抹現；
雙手如抱上半球，腰帶手抽回胸前。
墜肘坐腿下胯落，坐腕下沉小腹前；
腰領掌按弓步生，立圓推掌髖行環。（圖8）

圖7　　　　　　　　　圖8

第四式 單 鞭

單鞭防範兩面敵，雙臂橫擺如揚鞭；
防左同時護右側，勾手攻頸敵難前。
雙臂平伸肘微曲，雙掌放平手隨眼；
右腳內扣尖微翹，右跟為軸腰左轉。（圖9）

腰領臂旋至東南，右實左虛眼東看；
左足隨收左側點，右腳東南襠撐圓。
雙臂內折指相對，腰帶胯動復右轉；
沉肩墜肘臂走圓，左手追右近右腕。（圖10）

圖9 圖10

右手過胸成勾手，提勁捲勁勾中含；
以腰帶臂勁發指，繼骨節而手背前。
如此似輪在轉動，勁道向下並向前；
擊胸擊頸伺機來，一招制敵慎施展。（圖11）

臂轉西南左隨右，左手回掤右臂展；
左足東邁跟先落，左手隨走隨外翻。
腰復左轉身朝東，右腳內扣指東南；
前弓後繃眼平視，左手坐腕推向前。（圖12）

圖11　　　　　　　　圖12

第五式　提手上勢

提手上勢把招封，氣發腳跟勁到腕；
重心右移身右轉，掌平勾展眼右看。
腰帶左足微內扣，雙掌斜下雙臂圓；
重心復移左腿轉，右足提起半步前。（圖13）

左胯下沉左腿屈，右跟點地尖虛懸；
以肩帶肘肘帶手，手心相向移胸前。
兩膊相繫如蒼龍，左手放在右肘邊；
兩手相互向內提，鬆肩垂肘穩底盤。（圖14）

圖13　　　　　　　　　　圖14

含胸拔背能蓄勢，兩手擠扣敵肘腕；
左手分敵進攻手，右手上提過胸前。
左實右虛看右手，上勢擊敵合勁現；
形合心合左右合，左截右擠敵肘掀。（圖15）

第六式　白鶴亮翅

白鶴亮翅步丁虛，上架下採敵力散；
即引即攻快如風，右腳原地尖跟換。
腰輪平轉脊中正，腰帶手落右腳點；
右手隨按而下鬆，左手沾採敵左拳。（圖16）

圖15　　　　　　　　圖16

雙手下捋走弧線，身隨腳點正東轉；

左臂展盡內翻折，雙手相合抱球現。

氣沉丹田腹下沉，右跟隨落指東南；

重心轉右腰胯降，左腳提起半步點。（圖17）

右手腹前外翻掌，右臂外旋上掤現；

右掌隨架至額角，擊敵太陽掌朝前。

左臂下採過胸腹，胯邊下按指朝前；

雙手相合同平面，恰如白鶴亮翅展。（圖18）

圖17

圖18

第七式　左摟膝拗步

摟膝拗步護左側，中位出擊下位攔；
坐腿轉腰身轉左，眼領腰動向左看。
左手翻掌向後擺，手指斜下掌朝前；
右手反掌向內落，過胸至腹走半圓。（圖19）

右胯下沉腰右轉，坐右襠圓身東南；
左手反掌提到胸，過胸下擺護腹前。
右手弧形向後拉，虎口斜上展西南；
右臂折手至耳旁，虎口朝內掌朝前。（圖20）

圖19　　　　　　　　圖20

眼領腰轉手隨腰，鬆肩腰宰身迴旋；

左跟前落重心移，前弓後繃拗步現。

左手向外摟敵腳，手指朝前胯旁按；

右跟發力掌前推，右手拇指對鼻尖。（圖21）

第八式　手揮琵琶

手揮琵琶破擒拿，貼身逼近橫肘現；

右掌續推重心移，右腳隨帶半步前。

右足平落坐右腿，右腳支撐指東南；

提起左腳腰胯沉，左跟落地腳尖懸。（圖22）

圖21　　　　　　　　　圖22

腰勁向右帶右肩，肩肘帶手右掌翻；

左手提手接敵肘，右手下採敵腕纏。

靜待機勢用採挒，左托敵肘右壓腕；

兩手收合揮琵琶，兩掌相錯撅勁現。（圖23）

第九式　　左右摟膝拗步

摟膝拗步左右來，左顧右盼手隨眼；

虛實在腰連環擊，坐右轉腰左腳點。

右手翻掌西南展，左手過胸收腹前；

右手折臂左腳邁，左摟右推弓步前。（圖24）

圖23　　　　　　　圖24

左腳實撇腰左轉，右腳隨點右肩前；

左實右虛襠圓撐，右手收腹左翻展。

左手翻折至耳旁，右腳貓行跟落先；

右手摟膝到胯旁，左手立掌當胸按。（圖25）

右腳實撇身平移，左腳前點中定現；

腰帶右手向後揮，左手下擺腹襠間。

伸腳折臂又一回，弓步摟膝掌推前；

換步前移胯要沉，上下相隨意向前。（圖26）

圖25　　　　　　　　　　　圖26

第十式　手揮琵琶

手揮琵琶穿化精，穿纏沾化借力顯；
右腳隨帶復坐右，左足虛點腳尖懸。
右拉左提雙手動，上下相合左胸前；
左壓敵肘右扣腕，手彈琵琶眼平看。（圖27）

第十一式　左摟膝拗步

摟膝拗步防下盤，肘外須防敵推按；
左跟提起足尖點，坐右圓襠腰右轉。
右手後拉走弧線，眼領右手奔西南；
氣沉丹田右胯沉，左手折臂護腹前。（圖28）

圖27　　　　　　　　圖28

右手折臂到耳邊，左腳隨動邁向前；

跟先落地弓步生，拗步摟推腰領銜。

左手摟膝到胯旁，右手前推眼視前；

拗步雙腳不同線，兩線平行一肩寬。（圖29）

第十二式　進步搬攔捶

搬攔捶勢要進步，搬攔勢合化敵拳；

左足實撇指東北，腰領胯隨左拗轉。

左掌外翻向左展，右腳前點襠撐圓；

右手俯腕隨下揮，劃至左肋掌變拳。（圖30）

圖29　　　　　　　　　　圖30

腰領胯動復轉右，左掌右拳掄向前；
右足隨提腳外撇，全腳前落指東南。
腰帶右拳旋下搬，右肘為軸格敵腕；
左掌前劈切敵肘，揮掌側壓劈掌現。（圖31）

掌心朝右拇指上，拳心朝上伴左腕；
右虛左實三七開，四肢隨腰勁連綿。
重心前移提左腳，腳跟前落虛步現；
左掌前攔右拳收，拳心朝內止腰邊。（圖32）

圖31

圖32

重心前移跟發力，左弓右繃出右拳；

拳由心發腰胯帶，當胸擊敵立捶現。

左掌緣拳相錯收，右前左後手伴腕；

左掌側立拇向上，緊三捶法連招現。（圖33）

第十三式　如封似閉

如封似閉護正中，十字封條閉戶前；

封使敵手不得進，閉令敵手難逃竄。

左手沿臂往回收，右腋之下仰手穿；

手心緣臂護右肘，肘外沾接敵左腕。（圖34）

圖33　　　　　　　　　圖34

右拳鬆開懷內抽，雙腕相疊斜向前；
左外右內掌向內，雙臂斜交十字現。
左掤右抽腰為軸，眼看雙掌高齊肩；
重心隨手向後移，肘尖垂沉肋不貼。（圖35）

雙胯回抽坐右腿，手收胸前向內翻；
如封化敵隨轉攻，左弓右繃立腕現。
腰脊領勁向前伸，脊發長勁掌推前；
按敵肘節似閉戶，合一勁法擊敵前。（圖36）

圖35　　　　　　圖36

第十四式　十字手

十字手意護右側，臂結十字敵力散；
腰帶右胯向右轉，左足隨腰內扣前。
重心坐右身向南，右臂平肩向外旋；
右胯打開襠圓撐，右臂旋盡雙臂展。（圖37）

重心復移坐左腿，雙掌斜下如鵬展；
腿領足收腳掌落，右腳收回肩距寬。
雙腳開立雙腿屈，虛實有常沉胯先；
雙手分開弧形下，上下相隨虛實連。（圖38）

圖37　　　　　　　　　　圖38

雙手下抱腹前合，掌心由上向內轉；
左腕內上右外下，雙腕交錯十字現。
雙臂上提與肩平，雙掌沾敵雙手腕；
勁在虎口略外翻，雙臂圓掤護中線。（圖39）

第十五式　抱虎歸山

抱虎歸山採挒成，摟膝拗步捋擠按；
雙臂前沉原路回，雙手下分沉雙肩。
重心左移提右腿，右腳右後西北點；
腰向右轉左實扣，左手挑掌伸向南。（圖40）

圖39　　　　　　　　　　　圖40

左腳指西襠圓撐，右手翻掌小腹前；
左手折臂到耳畔，腰帶身隨西北轉。
右腳上步跟先落，右手摟敵沉胯肩；
前弓後繃左掌擊，右手格敵胯邊按。（圖41）

右掌前揚意抱虎，生成将手使歸山；
重心後移坐左腿，雙手平将向左旋。
腰帶胯轉身左轉，手隨腰旋走弧線；
将始眼神視右手，将終眼向左手看。（圖42）

圖41　　　　　　　圖42

左手扣臂腰右轉，坐腿交腕在胸前；

左掌發力擠右腕，前弓後繃臂撐圓。

手心向下掌分開，手心圓對抽胸前；

坐腿雙手腹前沉，弓步立掌下圓按。（圖43）

第十六式　肘底看捶

肘底看捶護中手，左防右突三連環；

轉身勢如單鞭手，肘底藏捶破敵拳。

右跟為軸身轉南，腰領臂抹向左旋；

右腳隨腰實內扣，左腳東側半步點。（圖44）

圖43　　　　　　　圖44

腰帶身體續左轉，右腳續扣襠撐圓；
左肘下沉臂內折，腰帶胯轉復右旋。
雙手指對胸前劃，右肘橫勁護右邊；
頭隨右肘眼看西，重心坐右身朝南。（圖45）

左腳東邁跟落地，腰領左轉右臂展；
左跟右腕貫一線，雙臂隨腰向東旋。
面東左掌側立掤，右手捯抓右額邊；
重心轉左胯下沉，右腳隨提身右點。（圖46）

圖45　　　　　　　　圖46

右掌橫擊敵太陽，右腳南踏側弓現；

重心在右左腳收，腳跟前落虛步現。

左手側下擺腹前，劈掌外旋格敵腕；

右手迴旋左肘底，捶衝敵肋掌變拳。（圖47）

第十七式　左右倒攆猴

倒攆猴意防敵纏，墜身退走扳挽現；

右胯下沉穩重心，左腳由跟變尖點。

左手隨臂前放平，右拳變掌腰領展；

臂拉西南掌朝上，腰帶肢動連不斷。（圖48）

圖47　　　　　　　　　　圖48

左腳提起弧形撤，腳指東北尖落先；

重心後移坐左腿，右跟為軸尖正旋。

右臂折對左肩窩，左掌上翻採敵腕；

左掌後撤落胯旁，右掌前推脫敵腕。（圖49）

坐左沉胯頭轉前，左肱後捲右腳點；

右腳斜撤尖先落，左尖歸正重心轉。

右腳撐體指東南，左手折臂右掌翻；

右抽左推掌心錯，右掌落胯左擊前。（圖50）

圖49　　　　　　　　　　圖50

腰胯鬆開現沉勁，右臂回環左腳點；
左腿後展倒攆猴，坐左右足向正旋。
右手折臂左掌翻，左實右虛右腳點；
左收胯旁右掌擊，前撲後抽意氣連。（圖51）

第十八式　斜飛勢

斜飛勢防敵反推，解套右臂開勁現；
右腳提起向後伸，點在西南腰右轉。
左手先展再折翻，雙手隨轉合腹前；
左跟落地重心換，腳指東南身轉南。（圖52）

圖51　　　　　　　　　　圖52

右腳提起西南進，跟先落地足扣南；
屈膝別足弓步生，左手採引胯旁按。
右手蓄勁捌西南，掌心斜上斜飛展；
四肢隨腰內外合，左跟右掌一線串。（圖53）

第十九式　提手上勢

提手上勢提為要，左腳隨進跟落先；
右掌微回托敵肘，左手上擺扣敵腕。
重心坐左提右腳，跟落尖懸虛步現；
雙手相合右胸前，手臂夾送合勁現。（圖54）

圖53

圖54

第二十式　白鶴亮翅

白鶴亮翅勢要縱，兩臂環擊若翅展；
右腳跟提足尖點，雙手下捋腰左轉。
沉肩墜肘身轉東，左手順展右上翻；
左手展盡折臂扣，雙手相合交胸前。（圖55）

腳指東南右跟落，重心右移向東看；
左腳隨沉隨提起，腳尖點地半步前。
氣沉丹田下沉胯，右臂隨旋額角前；
左手下採收胯旁，右掌朝前左坐腕。（圖56）

圖55　　　　　　　　圖56

第二十一式　左摟膝拗步

摟膝拗步斜中找，胸前一掌雌雄判；
坐腿轉腰微向左，左手翻掌向後展。
右手反掌向內落，過胸至腹走半環；
右胯下沉腰右轉，左虛右實襠撐圓。（圖57）

左手上旋再下擺，右手後拉展西南；
眼領腰轉手隨眼，右臂折手到耳畔。
左腳前邁踏弓步，重心隨腰送向前；
左手摟膝按胯旁，右手推掌眼視前。（圖58）

圖57

圖58

第二十二式　海底針

海底針要躬身就，折腰墮身脫敵纏；
右掌續推重心移，右腳隨帶半步前。
右足踏地右胯落，腳掌踏實指東南；
右手回帶含纏繞，腰領右轉沉勁現。（圖59）

左手橫擺右腹前，右掌朝左收到肩；
左腳虛點左肩前，重心坐右虛步現。
身復左轉折腰沉，左手沾黏採胯邊；
右手併指隨斜插，針刺海底眼領看。（圖60）

圖59

圖60

第二十三式　扇通背

扇通背勢抗敵力，托架閃展擊敵前；
提腰右轉襠圓撐，右胯下沉固底盤。
左手劃弧收胸前，手隨腰轉掌向南；
右掌隨腰提過肩，蓄發捲放拔背現。（圖61）

左腳東踏弓步生，右腿隨腰伸送前；
左手隨腰轉坐腕，脊領掌推擊敵前。
右掌隨腰托翻採，滾架額角掌朝南；
架臂隨肩掤勁生，勁力通背臂如扇。（圖62）

圖61　　　　　　　　圖62

第二十四式　撇身捶

撇身捶打閃化勢，筋斗捶法橫身前；
坐右腰胯向南轉，左足隨腰向內旋。
右掌朝下旋腹前，意在肘攻掌變拳；
左掌上擺走上環，與右相合護額前。（圖63）

右肘受阻向左坐，右腳提起西北點；
腳跟落地腰右轉，左腳扣西褟撐圓。
右拳向上圈轉撇，以肘為軸撇捶閃；
左掌隨腰按胯旁，掌外拳內過胸前。（圖64）

圖63　　　　　　　　圖64

右腿前送生弓步，跟勁透脊霹靂顯；

左掌上提到耳邊，腰脊發力掌撲面。

右拳收在右腰旁，拳心朝上眼視前；

右捶左掌連環劈，疊敵隨攻擊敵面。（圖65）

第二十五式　進步搬攔捶

搬攔捶勢面向西，一搬二攔三捶連；

右拳鬆開向上揚，手背向上左掌前。

左掌放平向外翻，手心錯對陰陽現；

坐左腰轉左腳撇，開胯左腳指西南。（圖66）

圖65　　　　　　　　　圖66

雙手同步往回帶，左轉下挳左肋邊；
身體轉西右腳點，點在肩前襠撐圓。
右變拳提左仰掌，右腳外撇踏向前；
右拳翻腕搬敵拳，左手劈掌阻敵前。（圖67）

重心前移提左腳，腳跟前落腳尖懸；
左掌攔敵右拳收，拳心朝內止腰邊。
重心前移成弓步，面向敵胸捶立拳；
左掌收近右前臂，拳由心發眼視前。（圖68）

圖67　　　　　　　　　圖68

第二十六式　上步攬雀尾

攬雀尾勢要上步，手似雀尾掤擠按；
左腳實撇移重心，右腳點在右肩前。
左手後拉左胯下，右手變掌收腹前；
雙手翻轉腹前合，左上右下襠撐圓。（圖69）

右掤右腿上步邁，腰助弓步臂外旋；
左掌追在右腕後，右臂橫勁掤撐圓。
捋手左翻右伸展，右前左後陰陽現；
重心後移腰左轉，雙手平捋向左旋。（圖70）

圖69　　　　　　　　　圖70

擠勢左手折臂扣，右內關穴左掌按；

左掌發力擠右腕，前弓後繃臂掤圓。

按勢雙掌平抹開，掌抱上球抽胸前；

後掤坐腕先坐腿，弓步腰攻再弧按。（圖71）

第二十七式　單鞭

攬雀尾後拉**單鞭**，鬆肩沉肘擋四面；

雙手平帶右足扣，右實左虛身東轉。

左腳點地左肩前，右足東南禖撐圓；

雙肘下沉雙指對，雙手右劃下半圓。（圖72）

圖71　　　　　　　　　圖72

右手胸前攏勾手，劃至西南右臂展；

左掌追右復回掤，左足東踏跟落先。

身隨腰轉面朝東，左手隨拉隨外翻；

左弓右繃掌擊胸，左推右鞭向東看。（圖73）

第二十八式　雲手

雲手捋敵臂接招，雙手如輪腰領銜；

腰胯右轉坐右腿，左腳內扣指向南。

左手下旋過腹前，掌似撥水腰際轉；

腰帶胯動向右坐，勾手鬆開變掌按。（圖74）

圖73　　　　　　　　圖74

右雲到頭左雲起，重心移左腰宰先；
左右兩手上下錯，右手向內經腹前。
左手內旋提過肩，掌心向內掤勁顯；
雙手左蕩腰轉東，左手隨翻眼領看。（圖75）

頭轉正東右腳收，雙腳平行似肩寬；
左手翻按右內旋，雙手上下相行現。
右掤撥雲聽腰意，左手腹前向右趕；
重心由左移向右，橫步躡行似踩蓮。（圖76）

圖75　　　　　　　圖76

　　左腳橫邁呈開步，雙手相合眼西看；
　　腰帶手擺向左轉，重心隨腰向左換。
　　上下兩手過頷臍，身體下沉並步站；
　　手蕩至東頭轉東，腿腳不轉腰身轉。（圖77）

　　雲手進入第三步，右腳收並重心換；
　　右先左後掤捋勁，左逆右順劃雙圓。
　　右雲到頭左開步，虛實轉換手撐圓；
　　左雲到頭右並步，如雲行空連綿綿。（圖78）

圖77　　　　　　　　　圖78

第二十九式　單鞭

雲手勢後拉**單鞭**，右手為勾左似鞭；
重心右移左虛點，腰帶臂轉眼領看。
右手弧線掤西南，翻腕抓擄勾手變；
左手先下再追右，雙臂打開在西南。（圖79）

左足東邁看左手，跟先落地身東轉；
左掌左掤過胸前，勾手平肩西南展。
左手隨拉隨外翻，右足內扣指東南；
前弓後推重心移，面向正東左掌按。（圖80）

圖79　　　　　　　　　　圖80

第三十式　高探馬

高探馬勢有捋採，左疊引進右刺探；
重心後移坐右腿，回頭朝向勾手看。
右勾鬆開腰領勁，腰帶臂折過耳畔；
頭部隨腰轉回東，左腳收回身前點。（圖81）

左手上翻掌朝上，疊勁黏採帶敵腕；
右手平掌心朝下，弧形平抹切向前。
右掌先緣左前臂，左掌再緣右肘沿；
平雲左引右橫切，高探馬頭鎖喉現。（圖82）

圖81　　　　　　　　　　圖82

第三十一式　左右分腳

左右分腳手要封，先右後左勢相連；
左腿開胯向左踏，腳跟落地重心轉。
腳指東北左斜倚，左臂外掤斜弓現；
左手內傾左臂圓，掌心斜上沾敵腕。（圖83）

右手隨抹過左臂，右臂撅敵過左腕；
右掌止在左手前，左中指對右拇尖。
左右掌心相互對，左右手指垂直現；
右腳點地雙臂展，雙手下抱襠撐圓。（圖84）

圖83

圖84

左手先搭右臂內，胸前相合右腿懸；
分腳踢肋朝東南，雙掌平撐向右看。
左臂平展朝西北，右臂右腿同平面；
右臂上傾左腿屈，雙臂立掌呈半圓。（圖85）

右分腳後左分腳，招式相同方向反；
右腿右踏指東南，重心右移斜弓現。
右臂折擺掌朝內，左手折回右肩前；
掌緣右臂前平抹，左臂撅敵過右腕。（圖86）

圖85　　　　　　　　　　圖86

左右掌心相互對，雙臂分開重心變；
左腳點地手下抱，手搭左臂左腿懸。
胸前臂合踢東北，分腳撐掌向左看；
左臂左腿同平面，右腿屈沉穩底盤。（圖87）

第三十二式　轉身蹬腳

轉身蹬腳腹上占，回身截敵開合間；
左腳收回懸左腿，左腳向下垂足尖。
右腿屈沉底盤穩，右跟為軸腳尖懸；
腰胯領勁向左轉，懸腿助力旋半圈。（圖88）

圖87　　　　　　　　圖88

右腳立定指西北，重心在右身不偏；

雙手隨轉向內收，右上左下合胸前。

左腳正西蹬敵腹，勁貫足跟由內換；

立掌相分格敵臂，轉身蹬腳打敵援。（圖89）

第三十三式　左右摟膝拗步

摟膝拗步勢連環，推掌發勁擊胸前；

左腳落點右肩前，右胯下沉腰胯轉。

左掌內旋護腹前，右掌先內後外旋；

眼領右掌展東北，左虛右實褳撐圓。（圖90）

圖89　　　　　　　　　　圖90

右手折臂到耳旁，腰復左轉腳踏前；
右手立掌當胸推，左手摟膝弓步現。
重心移左右腳點，右手內翻左手展；
點腳折臂左右來，摟膝拗步掌推前。（圖91）

第三十四式　進步栽捶

進步栽捶迎面衝，守我中土打地拳；
右腳實撇身平移，重心在右腰右轉。
右拳提腰左平擺，左腿進步跟落先；
左手摟敵胯旁按，斜下俯擊栽捶現。（圖92）

圖91　　　　　　　　圖92

第三十五式　翻身撇身捶

撇身捶勢先翻身，撇身扣疊轉壓腕；
坐右腰胯向北轉，左足隨腰向內旋。
右拳外旋回腹前，左掌護額走上環；
右後點腳腰右轉，左腳隨扣襠撐圓。（圖93）

腰身轉北為翻身，右腳東南足尖懸；
右肘為軸圈撇捶，左掌隨腰胯邊按。
左掌上提到耳旁，前弓後繃身移前；
右拳收在左肋邊，左掌前推擊敵面。（圖94）

圖93　　　　　　　　　　圖94

第三十六式　進步搬攔捶

進步搬攔捶胸肋，左化右擊意領銜；
右手上揚陰陽手，左腳外撇開胯先。
雙手下捋收左肋，右掌變拳右腳點；
右腿撇腳半步前，掌格拳搬化敵拳。（圖95）

左腳進步足跟落，右腿支撐固底盤；
防敵抽臂換腳步，右拳收回左掌攔。
重心前移弓步生，腿催右捶擊胸前；
左掌緣臂合右腕，掤收臂前眼平看。（圖96）

圖95　　　　　　　　圖96

第三十七式　右蹬腳

右蹬腳勢踹軟肋，分手腳蹬脫敵纏；
左足實撇指東北，左手在上穿右腕。
左右分手側外捌，重心左移腰左轉；
右腳右點中定在，輕沾慢捌襠撐圓。（圖97）

雙手下抄腰胯沉，左手在上合腹前；
臂隨身起懸右腿，雙腕交叉臂外旋。
右蹬敵肋腳朝東，腳尖向上跟勁現；
右臂展東左西北，雙掌側立眼右看。（圖98）

圖97

圖98

第三十八式　左打虎勢

左打虎勢退為進，引進落空出重拳；
身朝正北右腳落，雙腳平行掌落先。
左掌拂面折胸前，右掌朝下略低肩；
重心轉右左腳虛，右腳指北屈腿現。（圖99）

左腳貓行跨西北，指北偏西跟落先；
腰帶掌走弧形沉，沉肩垂肘採敵腕。
雙手下擺到腹前，雙手分開掌變拳；
左弓坐實右腿繃，斜騎馬襠背向南。（圖100）

圖99　　　　　　　　　　圖100

左拳左外向上翻，轉至左側額角邊；
反拳擊敵似打虎，拳眼向下眼領拳。
右拳胸前向左採，可攻敵肋可扼腕；
上領下沉身中正，上下拳眼一條線。（圖101）

第三十九式 右打虎勢

右打虎勢伏虎精，上打正胸下扼腕；
雙拳放空背朝上，雙手同在一斜面。
重心右移左腳扣，重心復左腰領轉；
腰肢協調走螺旋，雙手弧擺身轉南。（圖102）

圖101　　　　　圖102

右腳南邁指南東，手蕩腹前掌變拳；

左腳續扣右弓步，左拳擊肋扼敵腕。

右拳反摟弧形上，右捶打虎擂反拳；

右拳眼下左拳上，上下拳眼一條線。（圖103）

第四十式　回身右蹬腳

右蹬腳勢要回身，分掌蹬腳向肋踹；

左足外撇北偏東，重心左移腰左轉。

腰領回身轉東北，右腳點地襠撐圓；

雙拳鬆開側外捌，捌手分展臂撐圓。（圖104）

圖103　　　　　　　　圖104

雙手下抱腰胯沉，左上右下合腹前；

右腿屈膝往上提，臂隨身起外滾翻。

右腳向東蹬敵肋，腳尖朝上跟勁現；

右臂展東左西北，立掌分敵臂撐圓。（圖105）

第四十一式　雙峰貫耳

雙峰貫耳雙環捶，疊而後貫神通顯；

右腳東南半步點，腰帶身臂轉東南。

左腳隨扣指向東，雙手掌心向上翻；

雙臂內旋疊敵手，手旋胸前掌朝天。（圖106）

圖105　　　　　　　　圖106

左腿下屈右腳伸，腳跟落地身移前；

沉肘領掌弧形收，手經腰胯掌變拳。

雙拳弧形翻向上，拳若雙峰朝耳貫；

臂呈鉗狀虎口對，弓步助拳若風旋。（圖107）

第四十二式　　左蹬腳

左蹬腳勢防左側，以攻代防腳蹬先；

雙手變掌向外捌，右足實撇指向南。

左腳前提身側點，重心前移襠撐圓；

雙手下抱腰胯沉，右手在上合腹前。（圖108）

圖107

圖108

左腿屈膝跟先提，右撐全身面朝南；

手背黏敵雙掌提，交臂圓撐護中線。

左腳東蹬跟勁現，雙掌外翻兩側展；

左臂展東右西南，掌立臂圓分敵前。（圖109）

第四十三式　轉身右蹬腳

右蹬腳勢要轉身，回身蹬腳膝骨斷；

左腳下收左腿懸，懸腿後擺助力先。

右跟為軸右轉身，左腳下垂懸半圈；

左腳踏地掌先落，腳指東北重心換。（圖110）

圖109　　　　　　　　圖110

右腳點地襠圓撐，手隨胯沉合腹前；
左上右下掌朝內，屈腿撐體右腿懸。
臂交胸前外翻展，右腳東蹬敵肋間；
腳尖朝上眼看右，左撐西北右東面。（圖111）

第四十四式　進步搬攔捶

進步搬攔肋下使，搬壓阻攔還擊連；
右腳下落肩前點，轉勢中定襠撐圓。
左手反掌肋邊收，右手下擺掌變拳；
右腳撇落指東南，右搬左劈眼看前。（圖112）

圖111　　　　　　　　　圖112

重心坐右伸左腳，腳跟落地虛步現；
腰身右轉右拳收，拳眼朝上掌探前。
重心前移成弓步，搬攔化敵捶後連；
眼視胸肋右拳擊，左掌側收小臂邊。（圖113）

第四十五式　如封似閉

如封似閉雙按推，先封後閉抗敵前；
左手收回穿右腋，手心向上緣臂前。
墜身脫銬在掌緣，重心後移鬆右拳；
雙腕交叉掌朝內，十字肩平封敵按。（圖114）

圖113　　　　　　　　圖114

雙手分開拇指內，含胸坐胯眼看前；

雙掌相對往回收，胸前下落掌轉前。

前弓後繃守中擊，腰脊領攻眼看遠；

自下而上走立圓，坐腕掌按長勁顯。（圖115）

第四十六式　十字手

十字手法變不盡，右提左採靠貼沾；

腰帶右胯向右轉，重心坐右面向南。

左足隨腰內扣南，右臂右旋走平圓；

雙手掌心朝斜下，雙臂開若鵬翅展。（圖116）

圖115　　　　　　　　圖116

重心復移坐左腿，右腳並步掌落先；
雙手下抱合於腹，雙臂弧提鎖骨前。
開成滾化合掤封，腕交十字合勁現；
雙胯下沉膝略彎，雙臂掤圓護中線。（圖117）

第四十七式　抱虎歸山

抱虎歸山防身後，跟推掌橫雀尾攬；
雙臂回沉胯續落，雙臂腹前分兩邊。
坐左右腳右後點，身帶腳扣西北轉；
左臂挑掌折耳旁，右手翻掌腰腹間。（圖118）

圖117　　　　　　　　圖118

右摟左推右腳邁，右掌落胯弓步現；
右手抱虎抒手生，坐腿左抒使歸山。
交腕轉腰胸前收，弓步前擠臂掤圓；
坐腿雙手抽回腹，復又弓步向前按。（圖119）

第四十八式　斜單鞭

斜走**單鞭**胸膛占，回身提手封招先；
腰身左轉臂平抹，右足隨轉向內旋。
腰帶胯轉身朝南，左腳收回半步點；
手擺東南收左肋，腰領胯轉回西南。（圖120）

圖119　　　　　　　圖120

右手腹前成勾手，左手追右走弧線；
雙手奔西雙臂開，左臂迴旋右勾展。
左腿提腳邁斜南，左手坐腕當胸按；
前弓後繃臂若鞭，三尖相照外合三。（圖121）

第四十九式　野馬分鬃

野馬分鬃攻腋下，肩打肘靠意在先；
右腳順勢右側點，左足實扣西偏南。
腰帶胯轉朝正西，雙手回抱合身前；
腳伸西北插敵襠，扣西偏北穩底盤。（圖122）

圖121　　　　　　　圖122

左手在上採敵手，右手在下沾敵腕；
右膝前屈別敵腿，左足伸直力傳前。
右手前挒插敵腋，左手下採按胯邊；
肩臂外靠意驚敵，手腳並用開勁顯。（圖123）

野馬分鬃奔向前，重心前移左腳點；
腰帶胯轉雙臂合，左腳前伸落東南。
右上左下手抱球，肩靠手帶膝屈前；
左手上挒眼隨看，右手下採到胯邊。（圖124）

圖123　　　　　　　　圖124

野馬分鬃腋下展，左右交錯西行前；

轉腰收臂右腳點，右胯托腳伸右前。

兩臂交合屈右膝，右挒左採沉勁現；

雙手分挒腰主宰，眼領挒手分鬃現。（圖125）

第五十式　攬雀尾

攬雀尾勢推四正，沾連黏隨不間斷；

左腳側點右腳扣，雙手弧線合胸前。

提腳左邁指西南，下臂隨動左掤南；

右手下採身朝西，左弓右蹬手同面。（圖126）

圖125　　　　　　　　圖126

右腳順勁身前點，雙手交合腰左旋；
腰帶右腳踏弓步，左掌在後右掤前。
捋勢雙手左平擺，右壓敵肘左沾腕；
重心後移腰左轉，雙手肩高捋到南。（圖127）

擠勢左手先折臂，左貼右腕回胸前；
重心前移跟蹬地，力由脊傳擠向前。
按勢坐腿抽雙手，沉肩墜肘手迴旋；
沉胯弓步腿先動，坐腕豎掌隨腰按。（圖128）

圖127　　　　　　　　　圖128

第五十一式　單鞭

單鞭一勢最稱雄，右像彎弓左似箭；
腰隨眼轉手隨腰，右足內扣手平帶。
身轉偏東收左腳，左腳內側半步點；
雙手內折收左肋，右上左下指相連。（圖129）

右過胸前五指攏，勾手續行西南展；
左追右腕再左拉，提起左腳腰東轉。
左足東邁跟先落，左手隨拉隨外翻；
面東弓步前推掌，右手如勾左似鞭。（圖130）

圖129　　　　　　　圖130

第五十二式　玉女穿梭

玉女穿梭走四象，掤推應對四隅險；
重心右坐左足扣，腰帶胯轉朝西南。
頭向右轉看勾手，左手迴旋過腹前；
重心換左右腳提，腳尖朝西踏右前。（圖131）

右勾變掌收胸前，立掌拇指對中脘；
左臂續提胸前橫，左臂右掌垂直現。
坐右左腳西南邁，重心前移弓步現；
左手滾架掌朝外，跟助右掌擊胸前。（圖132）

圖131　　　　　　　　　圖132

坐右扣左腰右轉，雙臂隨腰上下換；
右臂前上掌後下，臂掌十字交叉現。
重心復向左腿坐，右腳右後點東南；
身隨拗轉帶臂掌，左腳隨扣襠撐圓。（圖133）

身轉東南右腳邁，弓步移身面東南；
沉肩垂肘眼平視，右臂上掤左推前。
掤手護額眼平視，左腳順勢向前點；
穩住重心坐右腿，腰帶身向東北轉。（圖134）

　　圖133

　　圖134

臂手隨腰上下換，右變立掌左橫展；
左腳東北踏弓步，左臂滾架右推前。
坐右扣左腰轉南，雙手隨腰上下換；
右臂前上橫封路，左手立掌後下邊。（圖135）

重心復向左腿坐，右腳右後西北點；
臂掌隨腰側平轉，左腳再扣襠撐圓。
左腳指西面西北，右腳弓步踏向前；
左掌前推右臂掤，勢如穿梭招勢連。（圖136）

圖135　　　　　　　　　圖136

第五十三式　攬雀尾

攬雀尾勢妙難言，上掤下按隨時變；
左腳側點右腳扣，雙手抱球襠撐圓。
坐右提腳向左邁，左弓右蹬重心變；
打開雙臂橫勁出，左掤右採向西看。（圖137）

右腳前點腰左旋，雙手交合右掤前；
捋手須擺陰陽掌，恰似雀尾隨黏連。
轉腰交腕胸前收，弓步伸腰擠向前；
雙手向內坐腿收，腰帶腿勁弓步按。（圖138）

圖137

圖138

第五十四式　單　鞭

單鞭一擊追人魂，左顧右盼迎頭幹；
兩臂平伸與肩高，右足隨轉向內旋。
重心在右腰領勁，雙臂隨腰左平轉；
左腳收回點內側，重心在右襠撐圓。（圖139）

腰復南轉手指對，右上左下走下環；
手隨腰動右指攏，勾手自胸擊西南。
左掌隨腰左拉鞭，轉身邁腿跟落先；
左掌隨拉隨外翻，面東弓步立掌按。（圖140）

圖139

圖140

第五十五式 雲手

雲手三進臂上攻，開步並步換手先；
身向右坐左腳扣，眼領腰身向右轉。
左手下旋經腹前，旋至西側隨升帶；
勾手變掌內翻降，手合右側轉左旋。（圖141）

雙手隨腰向左蕩，下護腹襠上胸肩；
重心在左擺到東，左掌翻下高比肩。
雲畢右腳收並站，右手起掤左回按；
腰脊圓轉帶手擺，掤捯轉右重心換。（圖142）

圖141　　　　　圖142

右手翻按左提捌，反轉兩手眼領前；
左腳橫邁左雲起，雙腳平行與肩寬。
下掌側斜水中撥，上掌朝內撥雲翻；
重心隨移手旋東，右腳收並屈腿站。（圖143）

雲手進入第三次，右雲雙手向右旋；
腰帶手擺重心移，眼領上手雙手圓。
右雲至西左開步，左雲到東並步站；
腰領沉胯橫步擺，虛實變化交互旋。（圖144）

圖143　　　　　　　圖144

第五十六式　單鞭

雲手勢終拉**單鞭**，右勾擊敵左甩鞭；

雙手弧線擺西南，右上左下眼領看。

左手右側轉回掤，右手變勾展西南；

身轉正東左足邁，弓步助力掌按前。（圖145）

第五十七式　下勢

下勢坐身化敵力，千斤墜力破敵纏；

重心後移右足撇，腰帶身轉面向南。

右胯外開坐右腿，沉肩鬆胯襠開圓；

左手順採勾不動，手引落空走上環。（圖146）

圖145　　　　　　　　圖146

落身深蹲呈下勢，左膝微屈深蹲現；
左腳朝東身坐穩，左掌弧形續下旋。
身復左轉平視東，左腿內側掌前穿；
胯身肩肘腕帶掌[①]，掌心朝南勾不變。（圖147）

圖147

---

①胯身肩肘腕帶掌：即以胯帶身，以身帶肩，以肩帶
　肘，以肘帶腕，以腕帶掌，節節貫串。

第五十八式　金雞獨立

金雞獨立占上風，懸腿蓄力攻敵前；
左腳外撇重心移，後蹬前屈長弓現。
腰帶身轉前移起，左掌隨起前上穿；
勾手鬆開隨勢移，右掌弧帶胯後邊。（圖148）

右胯根催膝順提，意在足踢膝頂先；
右掌貼腿弧形托，四指朝上拇鼻尖。
挑手閉敵臂圓撐，左掌摟按左胯邊；
左腿獨立肘膝合，上領下蹬眼遠看。（圖149）

圖148　　　　　　　　　圖149

右腳橫落半步寬，實腳踏地指東南；

重心右移右腿撐，右掌弧摟右胯邊。

左手上撩截肘腕，左腿提膝撞丹田；

右腿獨立右掌按，左手挑手在臉前。（圖150）

第五十九式　左右倒攆猴

倒攆猴勢退三把，抽退回擊一瞬間；

步退掌進勢要平，騰挪穩勻肱靈捲。

左側腳點掌放平，腰帶右臂西南展；

左腳弧退掌收胯，右掌錯左推向前。（圖151）

圖150

圖151

右腿後展左腿撐，右翻左折掌錯前；

重心後移坐右腿，右掌落胯左前按。

左腳斜退腰不軟，轉腰看手身不偏；

左手翻掌撤胯旁，倒攆帶攻右推前。（圖152）

第六十式　斜飛勢

斜飛勢招用不空，搭手斜挒外飛腕；

右腳後伸點西南，雙臂相合在腹前。

左跟為軸身隨轉，右腳斜跨屈膝前；

左採右挒開勁用，右飛西南左胯邊。（圖153）

圖152　　　　　　　　圖153

第六十一式　提手上勢

提手上勢見奇功，左腳跟步重心變；
右腳虛步腳跟落，左手上提右肘邊。
右虛左實雙手合，擒敵肘腕眼看前；
雙手前送呈上勢，手臂內夾合勁現。（圖154）

第六十二式　白鶴亮翅

白鶴亮翅顧盼靈，挑打軟肋有果敢；
坐左轉腰右腳點，雙手下捋走下環。
雙手交合胸腹前，重心轉右腳踏全；
右臂外旋左下採，上架下按左腳點。（圖155）

圖154　　　　　　　　　　圖155

第六十三式　左摟膝拗步

摟膝拗步攻防連，雙手胸前做回環；
右手後拉襠圓撐，伸腳折臂在西南。
左跟先落鬆胯跟，前屈後繃弓步現；
左手摟膝肩手合，右手推掌眼視前。（圖156）

第六十四式　海底針

海底針為脫敵纏，蹲身蓄勁指刺點；
右腳半步隨前踏，復坐右腿左足點。
左手隨腰右橫擺，右手弧形抽耳畔；
右手插針腰前折，左手繞採左胯邊。（圖157）

圖156　　　　　　　　圖157

第六十五式　扇通背

扇通背上托架功，扇通我背勁通貫；
起身腰轉提右掌，左手劃弧擺胸前。
右臂滾提上托架，左踏弓步掌推前；
鬆肩腰宰脊發力，腰腿助勢勁道顯。（圖158）

第六十六式　轉身白蛇吐信

轉身白蛇吐信變，腕中反有閉拿現；
右掌撇擊左掌撲，兩臂回環掌連環。
身向右坐重心移，左腳內扣身轉南；
右手迴旋掌變拳，左手上擺護額前。（圖159）

圖158　　　　　　　　圖159

重心左移右腳提，點在西北身右轉；
腳跟落地成虛步，左足扣西襠撐圓。
右肘為軸拳環撇，過胸變掌仰朝天；
左掌拂面弧形落，左外右內合胸前。（圖160）

右掌背撇如吐信，左掌續按落胯邊；
右屈左繃重心移，仰掌採敵收胯邊。
左掌過耳意雙瞳，先提後撲行立圓；
掌若白蛇吐信出，腰領肢圓平視前。（圖161）

圖160　　　　　　　　圖161

第六十七式　進步搬攔捶

搬攔捶勢現妙拳，尾閭中正不能偏；

右掌上揚找左掌，雙手錯對陰陽現。

左腳外撇腰領轉，鬆腰開胯襠撐圓；

雙手捋下分掌拳，右腳點在右肩前。（圖162）

右腳進步指西北，拳搬掌壓格敵拳；

左腳前伸足跟落，前虛後實收右拳。

重心前移成弓步，右臂內碾擊立拳；

左掌側收右肘內，拳由心發眼視前。（圖163）

圖162　　　　　　　　圖163

第六十八式　上步攬雀尾

上步攬雀沾黏連，右腳前點腰左轉；
雙手交合襠圓撐，右腳前跨右掤前。
左翻右展成挒手，右前左後陰陽現；
右黏敵肘左沾腕，四兩千金引左邊。（圖164）

挒盡左手內折臂，左掌右腕交身前；
右腿前弓發左跟，後手領勁擠向前。
擠盡雙手向回抽，含胸蓄勁坐手腕；
眼神引領往前送，弓步下旋立掌按。（圖165）

圖164　　　　　　　　圖165

第六十九式　單鞭

單鞭近身勁變捌，敵援後襲我後轉；
重心在右腰左轉，右腳隨轉向內旋。
雙手同時平肩抹，手心向下隨腰轉；
左腳虛點眼看東，右腳實撐指東南。（圖166）

雙手收肋指相對，右過胸前勾手現；
右帶左手弧線行，行至西南勾手展。
腰復左轉左足踏，左掌回掤弓步現；
左掌隨拉隨外翻，面東按掌眼看前。（圖167）

圖166　　　　　　　　　圖167

第七十式　雲手

雲手防敵往復蕩，全憑脊柱圓隨轉；
身向右坐左腳扣，眼領腰身轉正南。
左手右旋勾展翻，雙手上下相合現；
腰領雙手起左雲，身手旋東併步站。（圖168）

雲手兩次右雲先，翻掌開步右雲完；
腰旋橫步身平移，翻掌併步左雲完。
雲手再做第三遍，雙手身前劃雙環；
左腳開步右手伸，右腳併步左手展。（圖169）

圖168　　　　　　　　圖169

第七十一式　單鞭

雲手後接**單鞭**勢，長鞭左甩當胸按；

雙手先收再右擺，手走弧線奔西南。

右手變勾右斜展，左手左旋隨外翻；

左腳開胯邁弓步，身轉正東左掌按。（圖170）

第七十二式　高探馬帶穿掌

高探馬上**穿掌**刺，撲面不成左擊前；

重心後移坐右腿，轉頭朝向右勾看。

左腳收提身前點，勾手鬆開背朝天；

右手折臂向回帶，左虛右實頭回轉。（圖171）

圖170

圖171

左手上翻掌朝上，鬆腰含胸疊敵腕；

左腕沾敵胸前撤，虎口朝前掌背黏。

右手與左相呼應，同步由後圓轉前；

脊背發力貫掌跟，高探馬上撲敵面。（圖172）

右掌撲空左掌上，穿掌吐信攻頸前；

左邁弓步左掌仰，右掌平收左掌穿。

左上右下右掌俯，緣左臂下收肋邊；

左掌續穿與腭高，眼領左手刺喉間。（圖173）

圖172　　　　　　　　圖173

第七十三式 十字腿

十字腿勢軟斷骨，兩臂推纏開合間；
重心後移左腳扣，腳跟為軸尖內旋。
右手隨腰向外旋，自左向右走上環；
右掌上旋挑左臂，左手隨折擺右肩。（圖174）

重心復左身拗轉，右腳側點襠撐圓；
左手隨腰續外旋，面西偏南掌鵬展。
腰胯下沉手下抱，雙手仰掌合腹前；
左上右下臂前提，右腿提起足尖懸。（圖175）

圖174

圖175

右外左內臂外滾，雙臂撐圓護中線；

腳指西南左腿撐，右腿朝西蹬向前。

腳尖朝上跟用勁，腳端敵肋眼領前；

右臂展西左東南，臂展腿伸十字現。（圖176）

第七十四式　進步指襠捶

指襠捶勢要進步，連追帶防攻敵前；

雙手垂掌向下落，右腳落點襠撐圓。

左手自然落左胯，右手落腹掌變拳；

右足隨提腳外撇，腳踏西北重心轉。（圖177）

圖176　　　　　　　　圖177

腰胯右轉左腳提，雙手腹前隨右旋；

右拳過腹肋邊拉，左手橫擺身右邊。

左腳進步生弓步，左手摟膝到胯前；

右捶直擊敵襠間，前臂水平眼領拳。（圖178）

第七十五式　上步攬雀尾

上步攬雀腰腿領，挒擠相濟勢不偏；

雙手相合右腳點，右腳上步右掤前。

右肘腕沾敵肘節，左腕背黏敵臂腕；

重心左移左平挒，引進落空合即顯。（圖179）

圖178　　　　　　　　　圖179

左手折臂掌腕貼，隨敵抽臂擠向前；
前弓後繃腿領勁，伸腰長往眼隨前。
雙手上提空敵力，墜肘落胯坐手腕；
雙掌按敵肘腕部，腰帶腿腳走下環。（圖180）

第七十六式　單鞭

跨馬揚鞭稱**單鞭**，雙臂平展腰左轉；
右腳隨腰實內扣，左腳收回半步點。
手收腰領復右轉，左追右手過胸前；
右指全收指尖垂，手腕下沉勾手現。（圖181）

圖180

圖181

手奔西南雙臂開，右胯下沉襠撐圓；

腰復左轉左腳伸，腳向東邁跟落先。

勾手腕撐展西南，左手掤開向外旋；

左腿前弓左坐腕，跟促掌推肩背圓。（圖182）

第七十七式　下勢

下勢直探敵襠中，蓄勁避銳捋挒現；

重心後移坐右腿，右撇開胯身轉南。

左手迴旋走上環，腰胯下沉左膝彎；

腰身轉東左腳撇，左穿側掌平視前。（圖183）

圖182　　　　　　　　　圖183

第七十八式　上步七星

上步七星架手勢，雙拳架放截勁連；
左腳外撇重心移，右蹬左屈長弓現。
左足踏實撐重心，腰胯領勁攢移前；
右膝順提左腳實，右腳上步虛步點。（圖184）

左掌上穿掤帶捋，斜掤臉前掌變拳；
勾手變掌走下環，弧形前揮掌變拳。
右臂旋提斜掤前，雙腕交疊眼平看；
左內右外腕向內，側看北斗七星[1]現。（圖185）

圖184　　　　　　　圖185

---

[1] 北斗七星：從側面看，七個攻擊點以腳、膝、胯、
肩、頭、手、肘順序排放，恰如北斗七星的分佈。

第七十九式　退步跨虎

退步跨虎閃正中，卸敵之力退為先；
右腳斜後退大步，放敵落空騰挪間。
右腳實踏指東南，左腳腳跟退步半；
重心後移坐右腿，腰胯下沉左虛點。（圖186）

雙拳變掌向下翻，沾黏分手挒勁現；
左採右挒化敵力，領敵之拳傾旁邊。
左下右上側掌撐，雙臂撐圓開勢現；
勢成跨虎身中正，上驚下取隨機變。（圖187）

圖186　　　　　　　　圖187

第八十式 轉身擺蓮

轉身擺蓮護腿進,橫掃四隅攻勢連;
雙掌合勁向內收,如抱琵琶左胸前。
左前右後掌錯對,左推敵肘右黏腕;
右胯下沉左腿提,右跟為軸左腳懸。(圖188)

雙手內翻掌朝下,懸腳助力右擺轉;
雙手旋風捋捌帶,腰領身轉大半圈。
由東旋北眼領手,擺腳落地重心換;
面朝正北提右腳,伸向右後掌落先。(圖189)

圖188 圖189

左跟右掌為軸轉，身向右轉面東南；
雙掌右旋隨腰掃，左腳旋轉止東南。
右腳隨帶向南點，腰胯續轉身朝南；
重心在左呈虛步，雙臂隨帶右後展。（圖190）

提起右腳外擺腿，腳背橫掃胸肋間；
雙掌與腿相向掃，雙手交替擊腳面。
雙臂捋捌展左側，右腳跟落在身前；
掌過撒去滿身手，腳過疾風蕩葉蓮。（圖191）

圖190　　　　　　　　圖191

第八十一式　彎弓射虎

彎弓射虎挑打胸，左右同擊不遲緩；
雙手捋勢走下環，掌心內下經腹前。
右足腳掌隨落地，腳尖扣南向東偏；
雙手續擺提肩平，左手折胸右側展。（圖192）

重心前移到右腿，左腳外撇東偏南；
腰胯下沉騎馬檔，左繃右屈向東看。
左手正拳擊東北，右手反拳掤額前；
雙臂彎弓拳眼對，右側肘膝合一面。（圖193）

圖192　　　　　　　　　　　圖193

第八十二式　進步搬攔捶

搬攔捶勢陰陽濟，左右斜開肋下見；
重心左移腳外撇，右腳點在右肩前。
左手仰掌拉體側，右拳下揮左肋前；
右腳外撇踏半步，右拳左掌旋向前。（圖194）

右拳拳背向前搬，左手劈掌勁掌緣；
左跟前落右坐實，右拳仰收停腰邊。
左腿前弓右腿繃，右手向前擊立拳；
左掌沉腕右肘內，前實後虛眼視前。（圖195）

圖194　　　　　　　圖195

第八十三式　如封似閉

如封似閉顧盼定，先防後引擊敵連；
左手抄至右腋下，手心向上緣臂前。
貼臂前劃右肘抽，左手翻轉疊雙腕；
十字封手向上傾，掌心斜內眼看前。（圖196）

腰胯下沉手分開，重心後移坐右現；
雙手向內引胸前，雙掌沉腹向內翻。
掌跟下落擺正手，伸腰長往力向前；
前弓後繃跟發力，雙手下環豎掌按。（圖197）

圖196　　　　　　　圖197

第八十四式　十字手

十字手勢蘊變招，橫提驟然衝襠間；
胯隨腰轉向右坐，右臂前旋走弧線。
復坐左腿撤右腳，雙手下抱收腹前；
雙手上提腕交叉，腳站併步臂掤圓。（圖198）

第八十五式　收勢

收勢亦稱合太極，全套拳終心不散；
雙腕內翻掌朝下，雙掌平抹分兩邊。
雙掌微伸與肩寬，徐徐下落垂胯邊；
腰胯隨手向上提，腰腿伸起放鬆站。（圖199）

圖198　　　　　圖199

兩儀四象與八卦，合於太極歸自然；

太極無始更無終，陰陽相濟渾然間。

心意氣息自然收，氣息復歸入丹田；

凝神靜慮知之定，放鬆調整不可散。（圖200）

圖198

結　語

八法五步十三勢，八門五行招中現；

掤捋擠按四正行，**採挒肘靠**四隅展。

左**顧**右**盼**身中定，**進步後退**五行顯；

正隅手合門卦爻①，以身分步撐八面。

掤勢為水坎中滿②，**掤在兩臂**破按顯；

掤臂圓**撐**守會陰，如水載舟隨敵變。

以意引出丹田氣，由下上行頂頭懸；

休門③擊敵掤如牆，手從腰出勁在掀。

---

①門卦爻：門指「開死杜傷生驚休景」八門，卦指「天地風雷山澤水火」八卦，爻指「乾坤巽震艮兌坎離」八個卦象符號。郝月如（1877～1935年）曾較詳細地描述了八法與八卦、方位、屬性、竅位、臟腑之間的關係。

②坎中滿：坎的卦象符號，即上下爻均為虛線（陰爻），中爻為實線（陽爻），表明力在腰胯勁，中盤滿，上下虛。

③休門：八門之一，指北方。

捋勢為火離中虛[1]，捋在掌中破掤顯；
吞勁力輕守祖竅，火焚萬物化勁先。
順勢輕靈不丟頂[2]，牽敵使進傾倒前；
景門[3]聽勁防轉攻，腰際鬆靈防敵變。

擠勢為雷震仰盂[4]，擠在手背破捋顯；
前臂橫封意夾脊，先蓄後發雷霆現。
氣斂入脊力外彈，封敵勁路要逼沾；
引進落空傷門[5]攻，由足至掌勁貫穿。

按勢為澤兌上缺[6]，按在腰攻破擠顯；
隨勢意攻守膻中，遇高膨滿逢澤潛。
運掌起伏空必鑽，伸腰長往後撐前；
沉肩墜肘驚門[7]守，空胸虛腋眺憑欄。

採勢為天乾三連[8]，採在十指破肘顯；
回抓在實意百會，短促抓腕力剛健。
沉提順逆採必中，氣走肺腧而湧泉；
開門[9]借力避人攻，三田[10]相合一線連。

挒勢為地坤六斷[11]，挒在兩肱破靠顯；
抓擰驚敵守丹田，力在驚彈寬而堅。

引敵腕肘環纏繞，輪轉跌敵防牽連；

轉移敵力守死門[12]，六球[13]掌控乾坤轉。

---

① 離中虛：離的卦象符號，即上下爻為實線（陽爻），
中爻為虛線（陰爻），表明腰盤要鬆活，即中盤活。

② 不丟頂：不丟不頂。不丟：沾而不離，不給對手以可
乘之機，亦不放棄對手的可乘之機；不頂：黏而不抗，
不與對手二力相抵，避免進入以力相持、對峙的狀態。

③ 景門：八門之一，指南方。

④ 震仰盂：震的卦象符號，即下爻為實線（陽爻），中上
爻為虛線（陰爻），表明意念要放在腳底板，下盤實。

⑤ 傷門：八門之一，指東方。

⑥ 兌上缺：兌的卦象符號，即上爻為虛線（陰爻），中
下爻為實線（陽爻），表明膻中以上部分為虛，即上
盤虛。

⑦ 驚門：八門之一，指西方。

⑧ 乾三連：乾的卦象符號，即三爻均為實線（陽爻）。
線為點之延長，表明須求立身中正，上下一條線。

⑨ 開門：八門之一，指西北方。

⑩ 三田：即上丹田（印堂）、中丹田（膻中）、下丹田
（關元）。

⑪ 坤六斷：坤的卦象符號，即三爻均為虛線（陰爻），
如同6條短線，每個短線可看作是一個球，則有3對球，
指為上中下3對。其中，上對指雙眼，主雙手雙腳；中
對指雙腎，主雙肘雙膝；下對指雙睾丸，主雙肩雙胯。

⑫ 死門：八門之一，指西南方。

⑬ 六球：指雙眼、雙腎、雙睾丸。六球開則大關節緊，
六球合則大關節鬆。即以六球的開合來操控上下肢各
大關節的鬆與緊。

肘勢為山艮覆碗[①]，肘在屈使破捌顯；
借力在衝意肩井，化力而頂勢巍然。
沉氣湧泉源丹田，回升尾閭過井肩；
至泥丸宮攻生門[②]，貼身封逼靠射現。

靠勢為風巽下斷[③]，靠在肩胸破採顯；
跟發力崩意玉枕，無孔不入遏敵前。
以意引氣小周天，貼身外擠順勢先；
杜門[④]推靠肩背攻，跟肩一線發勁現。

進步屬水守會陰，進在雲手臂追攔；
起如藕斷絲還連，落如吻嬰情綿綿。
橫挪斜進要平穩，腰胯提攜為力源；
舒鬆膝胯上下隨，以氣促進輕靈現。

退步屬火意祖竅，退在轉肱求避閃；
腳下後退手上攻，退步當中有封攔。
攻守轉換意回吸，步隨身換退進辯；
引氣促退逃中打，內扣外撇步法圓。

左顧屬木意膻中，顧在三前[⑤]實顧點；
眼手足要協調動，引領轉體重防範。

視物清楚知敵變，攻防變化靈活現；
以眼領手盯敵眼，知己知彼隨機變。

右盼屬金意夾脊，**盼在七星**⑥虛盼面；
頭肩肘手胯膝足，警惕對手七星變。
知敵部位瞬間在，應機用招勝在先；
以眼領身要看遠，催身而轉**眼法**尖。

中定屬土沉丹田，**身法**中正腰主轉；
中土為樞機之軸，轉勢守中盤穩健。
以靜待動察敵情，隨屈就伸隨敵變；
敵有力則我力先，敵無力則我意先。

---

① 艮覆碗：艮的卦象符號，即上爻為實線（陽爻），中
　下爻為虛線（陰爻），表明意在上盤，只關注肩肘以
　上部分，忘掉身體的中下盤。
② 生門：八門之一，指東北方。
③ 巽下斷：巽的卦象符號，即下爻為虛線（陰爻），中
　上爻為實線（陽爻），表明意想腳底生風。
④ 杜門：八門之一，指東南方。
⑤ 三前：眼、手、足。
⑥ 七星：頭、肩、肘、手、胯、膝、足。

中在**得橫**尋敵側，我順敵背用中先；
敵我之勁有縱橫，勝在縱橫擊弱點。
縱橫相破亦相成，人縱我橫相對言；
陰陽分合太極理，勢勁分合拳理貫。

定在**有隙**尋敵虛，乘敵薄弱如榫貫；
敵不動則己不動，敵微動則己動先。
引進落空合即出，不丟不頂沾連黏；
機由己發握契機，力從人借弱強轉。

滯在**雙重**力相爭，懂勁避中為騰轉；
身滯進退不靈活，雙重難能騰挪閃。
從人則活從己滯，後發化力優勢顯；
妙在懂勁能借力，引進落空奧無邊。

通在**單輕**為避重，進用單重敵力減；
誘敵出手能問勁，敵不知我知敵先。
依人知己隨轉接，黏人知人不後先；
上下前後與左右，敵背我順先機占。

虛在**當守**取守勢，進攻無隙防為先；
虛為走柔合收蓄，虛非無力實內含。

進中有退退乃進，退中隱有契機顯；
鬆肩腰宰根於足，聽命於心為轉關。

實在必衝乘虛入，得手之時衝勁現；
敵勁將來尚未發，搶打悶勁先機占。
敵勁已動我靜待，迎打來勁力反彈；
敵勁落空欲換勁，隨打回勁黏擊顯。

流行於氣運於掌，通之於指髓中斂；
達之於神凝於耳，息之於鼻口擴先。
蹬之於足行於腿，縱之於膝腰活先；
靈通於背神於頂，渾噩一身氣通貫。

身法中正亦安舒，身健輕靈動活圓；
沉著穩重身不搖，含胸拔背撐八面。
形體舒展亦大方，瀟灑優美型不凡；
風格樸實氣魄在，行雲流水綿不斷。

頭要上提宰行動，全身之綱百脈源；
虛靈頂勁百會頂，正直不歪似頂碗。
眼要平看正視前，不低不高延展遠；
拳腳意欲往何方，眼神先領身隨變。

頸要放鬆端豎起，不歪不斜不僵軟；
下頦微微向內收，不仰不收姿勢端。
肩要放鬆且下沉，臂與腋窩間拳寬；
雙肩微微合向前，包裹之意內中含。

胸要內含但不凹，胸部平整不凸前；
含胸亦呈拔背形，沉肩亦與含胸連。
肘要有墜臂有曲，意在肘尖下垂現；
肘曲忌抽有掤勁，先曲後伸化勁顯。

腰要下塌保下盤，腰催四肢領勁先；
保持鬆沉豎圓活，刻刻留心在腰間。
胯要放鬆下盤活，胯與腰部緊相連；
調整腰腿在胯部，活腰鬆胯是關鍵。

膝要有曲經絡通，曲膝有助蓄勁先；
蓄而後發弱克強，發勁有力崩勁現。
手先著力為聽勁，聽勁知敵先機占；
有勁必動皆可聽，強弱縱橫與長短。

前臂有力關節鬆，氣勢下沉重心堅；
神氣斂入骨髓中，提起精神神不散。

神氣鼓蕩無缺陷[1]，周身一家機勢占；
捨己從人知己彼，引進落空招連貫。

招乃變化之手段，勁為招中功夫現；
招有萬而勁則一，用意不同勁隨變。
力如生鐵生來有，勁為鋼鐵需錘煉；
太極內勁鬆散練，氣充全身無間斷。

勁在招中變無端，蓄勁張弓發放箭；
沾化提放抖撅勁，借截捲入數勁現。
勁形於內招於外，表裡一致協調現；
自己懂勁若神明，於人懂勁先機占。

沾勁交手沾敵勁，沾勁輕重視敵變；
我順人背謂之沾，聽勁懂勁不丟現。
走勁交手不抵抗，稍覺雙重即沉偏；
人剛我柔謂之走，使敵落空不頂現。

化勁合用沾走勁，走退沾進將敵牽；
曲線左右引直力，力盡自空方向變。

---

[1] 無缺陷：指周身無缺陷。

引勁逆來亦順受，引入轂中任我擺；
敵若屈伸我伸屈，虛實應付隨機變。

拿勁要在拿活節，身無主宰氣行難；
拿之樞紐在腰腿，意氣主使拿勁顯。
放勁四兩撥千斤，順敵不穩跌敵遠；
敵提起時我蓄勁，隨其方向如放箭。

提勁沾住敵之臂，迫敵脫身臂上翻；
吾勁隨之向上提，提敵腳跟鬆底盤。
抖擻勁防背後襲，無暇轉身抖擻現；
抖擻致敵向外跌，能用此招神妙現。

借勁觀敵力方向，左右上下力皆然；
借敵前推而採之，借敵後扯放勁現。
截勁用在不及變，以剛碰硬截勁現；
截勁重在恰當處，將發將展時機現。

捲勁展出勾手勢，由指而背力入腕；
拳到敵身如輪轉，錘鑽之力擊向前。
入勁展示吾內功，掌貼敵身快速閃；
氣往下沉勁入內，五臟震動重傷現。

圓勁之中直勁在，直勁之中必有圓；

圓勁無直不能放，直勁無圓化必險。

硬勁如蠻勁自留，勁打對方己留半；

鬆勁如拋己不存，勁放人身務求遠。

附　文

太極內功的修煉及其方法

　　凡是太極拳愛好者均知道，太極拳是我國著名的內家拳術。是內外兼修、身心並練的拳種。對內家拳而言，應以練意、練氣為主。正如拳論所云：「意氣君來骨肉臣。」但如今，大多數練習者在練拳前做準備動作時，大多壓壓腿，彎彎腰，活動四肢。很少有人站站椿，練練氣，做一些呼吸運動讓自己身心靜下來，使身心放鬆，氣息平和，丟掉雜念，進入拳境，一心一意地練拳。

　　王宗岳先生的《太極拳論》一開頭就說：「太極者，無極而生，動靜之機，陰陽之母。」那就是說，練太極拳之前應練練無極椿功。動為太極，靜為無極。太極應從無極開始，練太極一輩子不練無極功，一輩子得不到內氣，更出不來內勁，更談不到內功。古人云：「拳無功，一場空。」

古人練拳，先從無極開始，學練太極樁功，一個樁功，一個樁功練下去，一般花費一年半載，等腿上有了功夫，氣能鬆沉下去，有了一定基礎再學練太極拳架。

當然，這樣練習需花費好多時間，而且練起來比較苦。這種方法的練習不一定適合現代社會的需要。現代社會的生活節奏加快，時間是相當寶貴的。為了適應現代社會的需要，不能把古時候的練功方法套用到現代社會，練功的方法也應該與時俱進，根據簡、快、好、省的原則。

本人根據古人常練的樁功，組合成一套動靜相兼的功法稱為太極六部功法和太極內功功法，獻給大家。供太極拳愛好者在練拳之前做舒筋拔骨、調和氣息之用，使練功者很快進入到練拳的意境中去。

（一）功法名稱

1. 三線放鬆功
2. 太極升降功
3. 太極渾元功
4. 下肢導引功
5. 左右琵琶功

6.收勢還原功

（二）功法的具體練習方法

具體的練習方法請看本書所附DVD，這裡僅作文字介紹。

1.三線放鬆功

【預備勢】面向南，自然站立，兩腳距離一肩寬，腳尖向正前方，兩臂下垂於體兩側，膝部微曲，下盤穩固。沉肩墜肘，上身端正，頂勁虛靈，鬆腰含胸，安靜平和，氣沉丹田。

所謂三線：人自然站立時，上體的肩井穴與腳下的湧泉穴相對而立；頭頂百會穴與下部的會陰穴相對呈一線。這樣，從右邊的肩井穴至右腳的湧泉穴為第一條線；第二條線是頭頂百會穴至下部的會陰穴，俗語也稱中線。第三條線是左邊的肩井穴至左腳的湧泉穴。

在做此功法時，先從右邊的第一線做起，依次而做直至第三線為止。默默想放鬆，一直從肩井穴鬆到湧泉穴，後再做百會穴到會陰穴，再做從左肩井穴鬆到湧泉穴。三條線完全鬆開後，再想像全身放鬆。方法是從頭頂部一直放鬆到腳底心，頭腦裡想像在洗淋浴似的。想像水從頭頂上方一直慢慢地

流到腳底心一直到地心處，反覆數次，直至感覺到全身放鬆為止。

從中醫學上講，人休息了一宿，清晨起來，身上帶有一股濁氣。所以在練功前，應該把這股濁氣從頂心開始一直降到腳下，然後排出體外。此功法練得好，自己會感覺身體放鬆下來，濁氣排出體外。

【目的】能使人入靜，體鬆，去濁氣，丟雜念，進入到練功境界。

2.太極升降功

【預備勢】同上勢。面向南，自然站立，兩腳距離一肩寬。意念放在下垂於體兩側的兩臂手背，兩手一肩寬，慢慢地向上升起，抬至肩平，然後意念放到胯上，胯慢慢下落，兩手收在胸前隨胯而下，至胯平。

這樣，反覆地做升、降運動。手臂的升降起落要有水漲船高、水落船降的感覺。呼吸與動作要緊密配合，意念要放在動作上，不要放在呼吸上，要用導引來帶動吐納。意念在先，領著動作走。

【目的】是把大自然的新鮮之氣吸入體內，使人體充分吸氧，使人神清氣暢。

3. 太極渾元功

太極渾元樁也稱太極抱球樁。

接上勢，兩腳以腳跟為軸，腳尖外展45°，然後以腳掌為軸，腳跟向外碾45°使兩腳平行，兩腿下蹲，兩手在胸前相合，呈抱球狀。鬆腰、圓襠、屈膝、開胯。意守下丹田。

【目的】此功法，是把吸入宇宙之氣，存入丹田，起培元固本的作用。養浩然之氣，培養掤勁之靈氣，可行虛實之變換。

4. 下肢導引功

接上勢，兩腳收回原處，自然站立，回到第一部功法的自然狀態，兩手捧氣向神闕穴貫氣，兩手輕輕沿帶脈向兩側按摩至背後命門穴，中指點按命門穴，然後兩手沿著腿部膀胱經慢慢而下行至腳面，人體隨著兩手下行而慢慢下蹲，再從腳心吸入地心至陰氣；兩手沿著腳部內側三陰經慢慢起身把地氣引入下丹田。後靜養數分鐘。

【目的】培元補土，滋養元氣，醫治腿疾。

5. 左右琵琶功

此功法即太極拳拳架中的手揮琵琶勢。接上式，右腳向前方跨出，左實右虛，成右琵琶勢，站立幾分鐘後改成左勢，右實左虛，成左琵琶勢（因

分虛實所以也可稱虛實樁）。因分左右兩式，左實右虛式，右實左虛式。虛腳支撐體重的30％，實腳支撐體重的70％，也稱技擊樁。

【目的】為練拳行功走架時的虛實變換創造條件，為練習太極推手打基礎。

6. 收勢還原功

接上式，從左琵琶勢起，全身重心移至左腿，右腳上步，與左腳平行，兩腳距離一肩寬，兩手自然下垂於體兩側，轉掌心向內，攏氣向體前合攏，男左女右（男性左手掌心向內貼近身體，右手疊放在左手手背上；女性右手掌心向內貼身體，左手右手疊放在右手手背上），雙手重疊在肚臍上，靜養幾分鐘。

【目的】攏氣歸丹田，靜養收功。

以上六部功法，是以我國現代著名太極拳家吳圖南先生（1884～1989年）在上世紀30年代所著的《太極拳斂聚神氣論》為依據，再加上本人多年練功的實踐及古人留下的樁功篩選而成。

此功法，短小精悍，簡明扼要。它可以單獨練習，也可以串起來練習，時間多可以多練，時間少可抽出來幾個來練，所以它起到了省時、省力、效果好的作用。從三線放鬆功開始至下肢導引功，

四個功法可使人氣血從頭至腳運行一周,妙在無始無終,無梢無節,周身運行,環形無端。功法完成後,可使練功者安心、頂性、斂神、聚氣。全身至四肢百骸,周流通暢,內氣充盈,精神旺盛。練完此功之後,再行拳走架,定能收到事半功倍的效果。

如果把六部功法中的三線放鬆功作為無極椿,把太極渾元功作為太極渾元椿,把左右琵琶功作為技擊椿單獨練習,一定要注意以下幾點:

(1)站椿時主要體會的是周身一體、內外相合的感覺。在做到鬆腰、圓襠、屈膝、開胯的同時,還要體會自己從頭到腳的姿勢是否正確,自己的意念是否到位,自己的氣息是否順暢。

(2)站椿不可太低,不可硬挺,不可努氣。太低則堅持不了多少時間,還沒等找到感覺,腿已經站不住了。

(3)站椿要追求整體效果,而不能片面追求腿部的力量。

原載《哈爾濱都市資訊報》
2002年6月

太極拳與攬雀尾

記得四十多年前，在老師身邊練拳，老師常說：「學太極拳，首先要把攬雀尾學明白了，就等於學好了一半太極拳。」當時，百思不得其解，也不敢問。因為在那時候學拳，是老師怎麼教，你就怎麼練。多問，老師是會不樂意的，老師一不高興，你什麼也學不到了。

練了近五十年的太極拳，到如今方明白一些攬雀尾在太極拳中的地位。太極拳是由八法五門組成的。八法是掤、捋、擠、按、採、挒、肘、靠。五門是進、退、顧、盼、定。僅以勁而論，八個勁，攬雀尾獨佔四個。

大家都熟知的，掤、捋、擠、按，諺稱「四正」。太極拳是體用拳，先練體，後練用。想練好推手，就需練好四正手。四正手也是四個字，掤、捋、擠、按。就此看出，掤、捋、擠、按的重要性，即四正的重要性，也是攬雀尾的重要性。

如何練好四正呢？首先應在拳中練好四正。根據楊家秘傳九訣的「十八在訣」講的：「掤在兩臂、捋在掌中、擠在手背、按在腰攻。」

　　掤勁：是太極拳中的主勁。有人稱太極拳為掤拳，也就是說太極拳處處要求有掤意，要求兩臂具有一種圓撐力，這種圓撐力，是由內向外的膨脹力，在任何情況下均具有一定的彈性。故曰：「掤在兩臂。」也正如拳訣所說：「掤手兩臂要圓撐，動靜虛實任意攻。」

　　捋勁：在太極拳中為化勁。根據對方的來勁，進行走化。「捋在掌中」，是指捋時前面一個手，勁點在近腕部的尺骨處，輕貼在對方的肘部，後面一個手勁點在掌心或掌背，接觸在對方的腕部處，兩手相距對方一前臂間的距離。它可以根據對方外力的變化情況而走化。因勢利導，化開對方之勁。然後可變招（著）進擊。

　　擠勁：擠為進攻勁。在捋開對方來勁之後，可隨勢以擠手進而攻之，把對方擊出。正如拳訣所曰：「捋擠二法趁機使。」我們一般在推手時，常用捋擠勁。「擠在手背」，是用合勁或長勁使之。合勁是兩手合成一勁施於對方身上，長勁是全身之勁串成一線，伸腰長往而發之。

　　按勁：按為進攻勁。使用按勁時，先用提勁，向上向左或向右化對方來力，兩手按在對方腕、肘處用長勁發之。按手的關鍵在腰部，發按勁靠腰的

長往進攻，不能單靠手的力量，所以說：「按在腰攻。」正如拳訣所說：「按手用著似傾倒。」

寫到這裡，不僅使我想起來關於「攬雀尾」的一段軼事。

陳式拳，楊家傳。當年楊露禪去陳家溝學拳，實為不易。陳式拳有一個規矩，只傳內、不傳外，尤其是外姓人要想學到陳家拳，真是難上加難。所以引出了一段「楊露禪偷拳」的趣事來。

某夜，陳長興在月光下給弟子們講拳，楊露禪爬在圍牆外的大樹上偷看。當陳長興講到陳式拳第三勢「懶紮衣」時，楊露禪在樹枝上，距離遠，在加上偷看拳，心不靜，誤聽為「攬雀尾」。陳式拳的「懶紮衣」，是明代名將戚繼光「拳經三十二式」中的一式「懶紮衣出門架子」。它的意思是在臨敵之前，從容隨意撩衣迎戰之意（因明朝古人穿的衣服寬大之故）。

後楊露禪改為楊式拳時，就把「懶紮衣」作「攬雀尾」處理，並把它作為楊家拳的首勢。「攬」是纏繞；以「雀尾」喻敵方出來之臂。釋為對方用拳擊我，我雙手貼彼前膊、隨其曲伸，運用掤、捋、擠、按之術，將其擊出，如用雙手拮取雀之首尾，隨其上下旋轉，故名「攬雀尾」。

在陳式拳中「懶紮衣」為第三式。楊式拳中，起勢後就打「攬雀尾」。由此看出，攬雀尾在楊式拳中的重要性。

楊式拳實來之不易，始祖從老陳家偷拳學藝，備受艱辛，後經祖孫三代歷經磨鍊，長達近百年方成此拳。我們應好好學習，更應加倍珍惜！不辜負前輩的期望。

攬雀尾在拳中的地位正如拳論所云：

掤捋擠按須認真，上下相隨人難進。

任他巨力來打吾，牽動四兩撥千斤。

引進落空合即出，沾連黏隨不丟頂。

攬雀尾在楊式太極拳中，具有舉足輕重的位置，希學者加倍留意。練好攬雀尾，你的太極拳就練好了一半。

我與同仁共勉之。

原載《太極雜誌》2004年第1期

我學習楊式小架太極拳的經過

　　1972年的夏天，家住南崗的拳友關鐵銘來找我，告知我從北京新來一個20多歲的小夥子，拳打得非常好，推手水準也很高，打遍了哈爾濱（江畔、兆麟公園、兒童公園、動物園等處）未遇敵手。他已經替我約定星期日上午7時，在兒童公園的北京站與此人見面。

　　在關鐵銘來找我之前，我已經聽說了這個人，心裡也想去會會。

　　星期日的清晨，天氣非常好，我在兒童公園北京站看見一個英俊的小夥子，中等個，身材勻稱，長得很精神，正在同一位老者推手，不時指點指點。

　　我走上前說：「我們倆推推。」接手先走了幾個圈，他要我問勁，我說：「你先問勁吧！」

　　他向前一逼，我來一個往下、往上、往前的按勁，只聽「砰」的一聲，我們倆相互跳出約有一丈多遠。於是彼此停了手，均說好。

　　他問我是何處學的拳，練的什麼拳，我回答在上海學的楊澄甫先生拳架。他說他是知青，插隊

落戶在內蒙，這次選送工農兵上大學，現在黑龍江省中醫學院念書，拳是跟北京吳圖南先生學的，練的是楊少侯小架。此次是出來訪友，並拿出吳圖南先生給他寫的信，信中吳圖南先生稱他為「張宇生」，落款「師吳圖南」。

等了一會兒，關鐵銘、劉少偉、張永好三人來到，寒暄一陣後，我們四人同張宇來到我岳父家，我岳父住光芒街86號，離兒童公園很近，步行約十分鐘，家裡有個大院子，便於習武。

我們吃過早飯，張宇在院內完整地將吳圖南先生的拳械套路示範給我們看，關鐵銘、劉少偉當即表示願意從學，張宇同意每星期六、日下午到我岳父處教拳，先從定勢開始，每次我均在旁邊觀看，當時我習練陳式拳興趣正濃，對吳式拳不甚瞭解，所以未學。

次年，我因公去四川德陽，路過北京。張宇給我寫了一封介紹信去北京見他師兄李璉，李璉當時在中國工商銀行西單商場附近的分理處工作。

我住在北京重型機器廠招待所，登記住宿後，我就去找他。在分理處見到李璉，他問我是否從哈爾濱來，我說是，拿出張宇的信。他說他收到了張宇的信並約我第二天清晨去紫竹園。

　　第二天早上去紫竹園，李璉正在門口等著我。進園後，二人推起手來，互有勝負，接著李璉把連勢及小架打給我看。中午我在李璉家吃的午飯。李璉送我時，約我明晨7時整去天文館見吳圖南先生。第二天去天文館見吳圖南先生，圖南先生正在教拳，學者十餘人。

　　經過李璉介紹，我正式認識了先生，先生時年90歲，很健談，精神矍鑠，從外表根本看不出來。這是我第一次向吳圖南先生求教。

　　後來的幾天裡，我每天清晨都去天文館看圖南先生授拳。五天後我便進川了。

　　從四川返哈後，我就跟張宇學吳圖南先生的太極拳、劍、刀。

　　一年後，中醫學院從東香坊搬回安樂街現地址，因為離家很近（我家在體育街），所以我們同住了一段時間，此時我開始學練楊式小架太極拳。張宇住校後，我每天清晨到中醫學院同張宇一同練拳，歷時一年。

　　張宇畢業後，分配到佳木斯醫學院工作，後考上北京中醫研究院研究生班學習。畢業後分配到北京中醫研究院西苑醫院，我曾去北京看望過他，後來又兩次進京向吳圖南先生求教，這是後話。

　　從那時起，我一直研練楊式小架至今，除我之外，關鐵銘、劉少偉、靳鳳林（從劉少偉學的楊式小架）都學習過楊式小架太極拳，因近年聯繫不多，所以他們是否還練小架或又將小架傳授給什麼人，我不太瞭解。

　　以上是我學習楊式小架太極拳的經過，供大家參考。

原載《太極雜誌》2004年第4期

談談太極推手

近幾年來，協會領導為了提高全體會員的太極拳拳藝水準，在協會內部大力提倡並推廣太極拳推手，力求讓大家瞭解太極推手。

為什麼協會要大力提倡太極推手呢？

推手與拳架之間有什麼關係呢？

這是一直引起大家關注的一個問題。

有的同學問，我只練拳，不學推手可以嗎？我回答是肯定的。

因為在現代社會，太極拳的學習內容可以根據自身的需要進行選擇，您僅僅是為了鍛鍊身體，那麼練練拳架已經是足夠了，但您若想把它練得好些、完整些，那就另當別論了。

那麼，為什麼要學推手呢？因為我們好多同學，練了多年拳架，對於推手只是聽說過，卻從沒學過，於是心裡就有希望學一學的想法，想知道太極推手是怎麼一回事？有的同學在國家規範套路上下了不少工夫，有的在各種場合拿了不少獎牌，自我感覺也很好，但一談起推手就力不從心了，所以也想學學推手。

一、推手究竟是怎麼回事？

首先，推手實質上是將你在拳裡所學的八面勁法，進行有效的雙人訓練及應用。在進行訓練及應用的過程中，會演出許多有趣的事，使人感到趣味盎然，令人回味無窮，所以太極推手為廣大愛好者所喜愛。

其二，太極拳是一物二體，楊澄甫先生給他1934年的著作取名《太極拳體用全書》。裡面講的很清楚，太極拳分「體」及「用」兩部分。拳架為「體」，推手為「用」。所以，作為一個太極拳愛好者，不但要練好體，更要進一步的知道如何用。學以致用，既知體又知用，體用結合，使拳練得更完善、更完美。

其三，古人云：「走架即為打手，打手即為走架。」走架也叫盤架子，即練拳，打手就是推手。在太極拳傳到南方去之前推手稱打手。所以從這句話來說「拳即為手，手即為拳。」古人說：「從推手可以驗證拳練得如何。」一個人拳練得如何，能從你的手反應出來。所以拳手相結合，可使你不斷地提高拳藝。

其四，從現代醫學的觀點來看，不牽動對方

重心的雙人推手法也稱養生推手術，兩個人可以透過推手運動達到互相按摩的目的，能夠疏通經絡，暢通氣血和強健腰腿，從而強壯筋骨，對腎氣虧損也有很好的醫療效果，並且具有增強記憶、預防早衰等功效，甚至對某些疾病也有良好的輔助醫療作用。

所以，從上述四個觀點來看推手是值得大家學習的。

二、我國太極推手的現狀

（一）我國太極推手目前以兩種表現形式存在，傳統推手和國家推廣的競技推手。

傳統推手：

傳統推手距今有四百多年的歷史，它是明末清初陳王廷所創造的雙人推手法。由陳長興傳給楊露禪後從楊家派生出其他流派。每個流派有每個流派的特點，有每個流派的不同訓練方法，有每個流派的不同風格。

例如，陳式推手仍舊保留一些原貌，姿勢低，有管腳，拿關節等擒拿法。楊式推手法以掤勁為主，講發勁，拿法講究拿對方的勁路。吳氏推手法主要以柔化見長，講先化後打。

現在推行的競技推手：

新中國成立以後，國家為了全民健身，1956年推出簡化太極拳，1958年推出88式太極拳。

上世紀60年代開始嘗試把太極推手列入現代競技項目，從60年代初至70年代末，曾進行多次實驗，直到1979年太極推手作為試點項目，在南寧舉行的全國武術觀摩交流大會上進行了首次表演賽。

1989年推手比賽正式列入全國比賽項目。

1991年經國家體委審定，正式頒佈《太極拳推手競賽規則》。

1992年在濟南召開第一次全國太極拳推手研討會。

1993年在杭州舉行第二次全國太極拳推手觀摩交流會。

1994年正式舉辦全國太極拳推手比賽，女子也可參賽，並重新頒佈了《推手競賽規則》。

競技推手的出現和發展，把現代太極拳運動推進到一個較高的層面。

（二）傳統推手和競技推手並列出現在我國太極拳運動的領域內，但此兩種推手法的訓練目的不同。

傳統推手：

傳統推手在太極拳中是作為過渡到太極散手的一個中間過渡訓練方式。現在作為相互切磋武藝、增進友誼、互相幫助之用，達到共同提高拳藝水準的作用。

現代競技推手：

目標明確，爭輸贏、拿冠軍。

（三）由於傳統推手及現代競技推手二者具有不同的目的，所以出現了不同的鍛鍊手段。

傳統推手：

傳統太極拳由於是封建時代的產物，它一出世，就要立足於社會，所以各家各派都有一套完整的理論體系，有一套完整的訓練方法。

推手作為太極拳中的一個中間過渡教材，從套路開始過渡到推手，再從推手過渡到散手。從理論上，王宗岳先生在《太極拳論》中，闡明了太極拳修習的三個階段，著熟、懂勁、神明。走架是著熟的階段，推手就是練懂勁的過程。如何練好懂勁呢？就是先練好沾、黏、隨，練習聽勁，能聽才能懂。練出感覺力就好辦了。

所以，我們練推手，要先走圓後講勁，再似斷非斷、似連非連，現稱亞散手。再過渡到斷手也稱

散手。經過這個程式，方能達到順勢借力、以柔克剛、以輕制重、以慢制快、以小勝大、四兩撥千斤之技巧。

現代競技推手：

現代競技推手是在傳統推手的基礎上加入現代競技體育的元素，使太極推手的運動進入現代競技體育的領域。所以現代競技推手主要講比力量、比速度、比技能，不太強調小力勝大力，即四兩撥千斤。所以大多練習者，在體能上、力量上、招法上下工夫。

有些運動員為了急功近利，很少在拳的基本功上下工夫，所以在比賽場上出現頂牛、搶摔、相撲之類的角力之爭，使大家在心理上很難接受。

由於大家已經習慣於太極拳以柔克剛、四兩撥千斤、借力打力之說，所以看不慣競技推手。這一點，是可以理解的。

三、推手是否神秘

有的同學說，推手很神秘，不好學。我說推手不神秘，很好學。因為，平時練拳走架是一個人練習，所以很方便，只要記住套路就可以打下來了。推手可不行，因為推手是兩個人練習的，由不得你

一個人想如何練就如何練，而是必須遵照兩個人的運動規律進行。

實質上，我們每日練拳，不論你練什麼拳架，裡面總會有「攬雀尾」，就拿（85式）楊式太極拳來說，「攬雀尾」僅是85式中的一個式子。推手練四正手實質上就是練「攬雀尾」。一個攬雀尾包括四個勁，「掤、捋、擠、按」。四正推手實質上就是這四個勁的演練，所以你想，你一套拳都練了，在拳裡拿出一個拳勢的名稱來雙人練習，會難嗎？

練習推手要講究方法，概括起來一共有三個方面：

第一，對方用手打我，我往兩邊引化，使他落空不及我身。

第二，對方用手打在我身體上，我透過此點，把它返回去，返給對方自身。

第三，對方用大力擊我，我用截勁，截住再把勁返回去。

此三個方法，不是我獨創的，是根據我國著名太極拳家吳圖南先生1936年所著的《太極拳打手法》一文所啟發的。所以，當你看了我這一段述說，一定能解決您的疑點了。

太極拳推手好學但不好練，只要你有恒心，能

堅持，能根據古人所留下的論述來演練，我想您一定能登堂入室的。（請參考吳圖南先生著《太極拳打手法》，附文後）

四、談談八法五步

眾所周知，我們現在練的太極拳（現代太極拳）及傳統拳均是由八法五步組成的。

八法是：掤、捋、擠、按、採、挒、肘、靠。五步是：進、退、顧、盼、定。由它們構成了十三勢，也稱太極十三式。

（一）八法（即八種勁法）

1. 掤勁：

掤勁是向上向前之勁。掤勁如圍牆，意禦敵於門外。用於攻防和走化。是太極拳中的主勁，有人稱太極拳為掤拳，也就是說太極拳處處要有掤意，要求兩臂具有一種圓撐力，這種圓撐力是由內向外的膨脹力，在任何情況下均有一定的彈性，故曰：「掤在雙臂。」也正如拳訣所說：「掤手兩臂要圓撐，動靜虛實任意攻。」

訣云：掤勁義何解？如水負行舟。

先實丹田氣，次要頂頭懸。

　　　　周身彈簧力，開合一定間。

　　　　任由千斤重，漂浮亦自然。

　　在應用掤勁時需要注意以下幾點：

　　(1)沾住對方而不是對抗對方。

　　(2)掤勁之手臂與自己身體應保持一定的距離。

　　(3)掤勁在使用中應貫徹敵進我退、敵退我進的原則，並要沾著對方。

　　2.捋勁：

　　在太極拳中為化勁。根據對方的來勁，進行走化。「捋在掌中」是指捋時前面一個手的勁點在近腕部的尺骨處，輕貼在對方的肘部；後面一個手勁點在掌心或掌背，接觸在對方的腕部，兩手相距對方一前臂間距離。

　　它可以根據對方外力的變化情況，向自身側面斜線走化，因勢利導，化開對方之勁，然後可變招（著）進擊。

　　訣云：捋勁義何解，引導使之前。

　　　　　順其來勢力，輕靈不丟頂。

　　　　　引之使延長，力盡自然空。

　　　　　重心自維持，莫被他人乘。

在應用捋勁時需注意以下幾點：

（1）順對方的勁而動，略改變其方向。

（2）要轉腰、坐胯、圓襠、含胸拔背而不僵滯。

（3）需沾黏著對方腕肘，防止對方受捋而採取攻勢。

（4）捋時一定要輕，起牽引作用；改變其方向時，不易使敵方發覺。

3. 擠勁：

擠為進攻勁。在捋開對方來勁之後，可隨時以擠手進而攻之，把對方擊出。正如拳論所說，「捋擠二勁趁機使」。我們一般在推手時，常用捋擠勁。「擠在手背」，是用合勁或長勁使之。合勁是兩手合成一勁施於對方身上，長勁是全身之勁串成一線，伸腰長往而發之。

訣云：擠勁義何解？手背彈簧力。

　　　　橫豎因敵變，順勢尋戰機。

　　　　間接反應力，如球來碰壁。

　　　　外柔內堅剛，沉穩無人欺。

在應用擠勁時，需注意兩點：

（1）用擠時一定要封閉對方勁路，加強黏逼到

死角後方可擠出。

(2)擠時一定要取橫向。

4.按勁：

按是進攻勁。使用按勁時，先用提勁向上向左或向右化對方來力，兩手按在對方腕、肘處，用長勁發之。按手的關鍵在腰部，發按勁靠腰的長往進攻，不能單靠手的力量。所以說，「按在腰攻」。正如拳訣所說：「按手用著似傾倒。」

訣云：按勁義何解？運掌推向前。

　　　　氣由丹田發，腰攻是關鍵。

　　　　逢高則膨滿，遇凹則下潛。

　　　　波浪有起伏，有空必內鑽。

在應用按勁時，需注意以下幾點：

(1)用按勁前有一個向內、向下沉化的動作，然後轉腕向外、向前上按出。按前有一化，是按的組成部分，即「意欲向外、向上，必先向裡、向下」之意。

(2)按時需沉肩垂肘，不用拙力，輕輕向前按去，兩手要輕靈兼備方可有效。

5.採勁：

採制對方的勁力。是形容手法如採摘果實或

花朵，不要太輕，也不能太重，其技法猶如採茶、捉蟬似的以巧為尚。採勁應用時一鬆一緊，或一落即發，先沉後提或先順後逆，在運用短促抓拿時，迅速一閃，使對方來勁突然落空、撲跌倒地的巧取法，就是採勁的運用。

　　　　訣云：採勁義何解？拿節敵失靈。

　　　　　　　　任爾力巨細，聽勁知輕重。

　　　　　　　　巧施四兩力，千斤亦無用。

　　　　　　　　若問理何在，槓桿之作用。

　　應用採勁時，需注意以下幾點：

　　(1)一般使用此法時先捋後採，諺稱捋採勁。捋要輕，採要實。故一般捋引時捋到對方將出重心時再順勢採發。

　　(2)採在十指，勁點在手指上。

6. 挒勁：

　　是一種向外橫推或橫採之力。可使對方身體扭轉而失重。順對方出力的方向循弧線用力，使對方旋轉而不能自主，只得被提空而拋出。

　　　　訣云：挒勁義何解？旋轉如飛輪。

　　　　　　　　投物於其上，驟然丈外尋。

急流成漩渦，捲浪若螺紋。

落葉墜其上，倏而便沉淪。

在應用挒勁時，需注意如下幾點：

（1）出勁時要上下相隨，手到步到並以腰為軸，使全身勁力完整一氣。

（2）動作要敏捷，挒要驚，即「挒驚務相稱」。

（3）勁需發在對方的底盤窄面處，當跌出時，要預防其抓住不放。

7. 肘勁：

以肘擊人。「肘在屈使」，用屈肘向對方心窩或其他關節部位貼身封逼，發勁充足，擊人十分銳利，而使對方受傷，因要慎用。

訣云：肘勁義何解？近身曲臂行。

上下與左右，虛實宜分清。

連環式莫擋，開花捶更凶。

六勁融通後，用途始無窮。

在應用肘勁時，需注意如下幾點：

（1）拳為長手，肘為短手，「肘在屈使」，用肘極易傷人，所以說「肘屈勿輕使」。

（2）用肘勁時要突出一個「衝」字，迅速把勁

放出去。

8. 靠勁：

用肩、背向外擊人之力為靠。靠勁多在貼身之後發出的外擠推力。一般在對方用蠻力向後牽拉時，趁機取巧而用，用之得當，能顯出八面威風。

訣云：靠勁義何解？肩背貼身用。

斜飛勢用肩，肩中還有背。

內外均能靠，來勢如雷轟。

仔細維重心，失中徒無功。

用靠勁時需注意以下幾點：

（1）靠勁，是以肩部靠人胸部為主，所以稱「靠在肩胸」。

（2）用靠勁要突出一個「崩」字，因發靠勁大多貼身，所以發勁要脆，用崩炸之勁靠出去。

（二）五步[1]

太極是進、退、顧、盼、定，即前進、後退、左顧、右盼、中定。一般人認為是步法，實際上它超越了步法。有人認為，前進、後退為步法，左

---

[1] 此部分參考《中國趙堡太極推手》一書中「太極推手五步解」部分。

顧、右盼是腿法，中定是身法。對於盤拳架來說，可以這樣認為。

對推手來說，進、退、顧、盼、定都要在技擊中配合「八法」使用，所以它應納入技法範圍。在技擊中，進、退不僅包括步子的進退，還包括身體與手肘的進退，顧、盼不僅包括眼神，還包括腰腿手肘之顧盼。中定是所有技法之核心。

1. 進法：

用於拳架，要求邁步似貓行，輕靈沉穩。用於推手，一是移動重心；二是配合「八法」協助發勁。

2. 退法：

包括防禦和進攻兩個方面。防禦用於引進落空，如用捋勢時，是積極的防禦。進攻用在邊退邊攻，退中求打，如倒攆猴。

3. 左顧右盼：

用在拳上，眼神主要是注視拳的運動方向，並還須顧及身體的兩側。所謂「以眼領手」「以眼領身」。推手時更應該注意如下兩點：

一是要注視對方的眼神，由對方的眼神來判斷其動作的方向；

二是要注視自身的兩側。

4. 中定：

是太極推手的核心。在推手中要保持自己的中定，去破壞對方的中定。失去「中」，就失去穩定性，也稱為「背」。

站樁是靜態的平衡，盤拳架子是自身的動態平衡，推手是雙方相互作用下的動態平衡，它比自身的動態平衡難度大。

中定的方法，一是要氣沉丹田，下盤穩健；二是要以腰為軸，靈活轉變，要讓對方找不到我的「中」，「人不知我，我獨知人」，才能立於不敗之地。

上述給大家介紹了太極十三勢，在練拳中要把「八法五步」弄清楚。走架時，一定要按楊澄甫先生的「十三要」為準則。練到定勢時，檢查一下是否做到「一身備五弓」，是否八面支撐。拳架練熟後，自己對拳的每招（著）每勢是什麼勁組成一定要弄明白，在盤架子中練出整勁來，完全知道了自己的勁向，接下來就可練習推手了。

練習太極推手，一定要按古人留下的指導性的打手歌訣來練。

歌訣云：掤捋擠按須認真，上下相隨人難進。

　　　　任他巨力來打我，牽動四兩撥千斤。

　　　　引進落空合即出，沾連黏隨不丟頂。

　　從歌訣上先人已指出，想練好推手應以四正入手，練習時應注意上下相隨，因勢利導，要順人之勢以小力化去大力，用借力打力之法，要引進落空，反對丟、匾、頂、抗。逐步深入，功夫不斷上升。由著熟而漸悟懂勁，由懂勁而階及神明，你慢慢就能修煉成太極高手了。

　　　　　　　　　　2005年3月9日於哈爾濱

附：

吳圖南太極打手法

　　打手者，研究懂勁之法也。先師曰：「由著熟而漸悟懂勁，由懂勁而階及神明。」旨哉言乎！夫究宜如何始能著熟？宜如何始悟懂勁？宜如何階及神明？此著者僅就二十餘年來研究所得，不得不貢獻於我同好者也。

　　夫太極拳之各勢，既已練習，則當首先注意姿勢之是否正確，動作能否自然，待其既正確且自然矣，然後進而練習應用。應用既皆純熟，斯可謂著熟也矣。

　　雖然，此不過彼往我來之一勢一用而已耳。若彼連用數法，或因我之招而變化之，斯時也，則如之何？於是乎懂勁尚焉。

　　夫懂勁者，因己之不利處，推及彼之不利處也。方我之欲擊敵也，心中必先具一念，然後始擊之也。反是，彼能無此一念乎？雖智愚賢不肖異等，而其先具之一念，未嘗異也。

　　故彼念既興，我念亦起。真偽虛實，難測異常。苟無一定之主宰，則必至於張惶失措。方恐應

敵之不暇，尚何希其制勝哉！

雖然，當擊彼之念既起，則當存心彼我之招法孰速？欲擊之目的孰當？彼未擊至我身也，可否引其落空？或我之動作，是否能動於彼先？待既擊至我身也，宜如何變其力之方向，使落不及我身？或能因彼之力，而使其力折回，而還於彼身？此等存心，究宜如何始能得之？

蓋因我之某處懼彼之擊也，彼之某處亦懼我之擊。此明顯之理也。然而避我之怕擊處，擊彼之怕擊處，則彼欲勝，豈可得乎？孫子曰：「知彼知己，百戰百勝。」此之謂也。

方此時也，再能默識揣摩，漸至周身之不隨意筋，亦能隨意活動。全體各部，均能發現一種反射運動。自頭至足，無一處不輕靈，無一處不堅韌，無一處不沉著，無一處不順遂，通體貫串，絲毫無間，自能心恬意靜，變化環生。故擊敵之際，彼力離而未發，即能知其將發。彼何處欲動，即能知其將動。其心之所至，無不知之。此皆由於明乎運勁發勁之理、剛柔動靜之機之所致也。

蓋一動無有不動，一靜無有不靜。虛實分清，自能知其所以然矣。然後因力制勝，假力制勝，順力制勝，逆力制勝，分力制勝，合力制勝。久而久

之，感物而動，遇力便曉。無論彼之所用之力，為直線，為曲線，為彈簧線，為螺旋線，而我以無形無像、全身透空之身，加以出其不意之方法、輕靈奇巧之步法、閃展騰挪之身法、出入神速之手法，使敵瞻前忽後，仰高鑽堅，虛實莫辨，應付為艱。當此時也，敵欲攻，而不得逞。敵欲逃，而不得脫。黃主一先生所謂「不用顧盼擬合，信手而應，縱橫前後，悉逢肯綮」者，其太極拳打手之謂乎？斯時也，可謂懂勁也矣！

懂勁後，愈練愈精，乃至捨己從人，隨心所欲，不思而得，從容中道。非達於神明矣乎？學者，果能盡心研究之，則玄玄之理，有不期然而然者。

雖然，太極拳之妙用，三豐、宗岳諸先師，已論之詳矣！故不復云。然數百年來，能闡明其旨者，誰乎？要之，後有好事者，庶可因是而得之也！

（摘自《國術概術》）

楊式小架太極拳答問

問：楊式小架太極拳是誰創編的？是楊班侯先生創編的嗎？

答：一般認為，班侯先生創編小架拳。實際上，楊式小架太極拳是楊式太極拳一代宗師楊露禪先生經過多年研究，從太極拳裡取出精華的部分編創而成的。

即凡是能夠顧及的地方，就都把它收集匯總起來，所以小架的每一個勢子，都具有技擊意義。小架拳是楊露禪宗師練的拳，是太極拳的高層功夫，近乎快打，保留了楊式太極拳的原始面貌。

問：目前在國內流傳的楊式小架太極拳以誰為正宗？

答：眾所周知，楊式太極拳有大、小架之分。大架是由楊澄甫先生所傳，小架是其胞兄楊少侯先生所傳。小架（也稱快架或用架）是露禪先生帶入北京的，後傳班侯先生，班侯先生傳少侯先生。少侯先生傳者甚少，僅傳吳圖南、尤志學、田兆麟、東潤芳、馬潤之及四川的劉希哲6人。其中吳圖南

先生教此拳必擇人而授，故雖所教者甚多，但得先生真傳者甚少。

目前國內流傳的楊式小架太極拳主要是吳圖南先生一支。可以查閱圖南先生講述、馬有清先生編著的《太極拳之研究》（香港商務印書館1984年出版）一書中的「軼拳新呈」一章，其中有圖南先生親自演練的小架拳之拳照可供參考。如果此書不易獲得，還可查閱《楊少侯太極拳用架真詮》（大展出版社2005年6月出版，吳圖南先生傳授、李璉先生編著）一書，此書詳述了小架的種種內容，讀後必定大有裨益。

問：如何學練楊式小架太極拳？

答：要想學好楊式小架拳，首先要有吃苦的思想準備。因為，學練楊式小架不是一蹴而就的。學練楊式小架，除需要有良好的武術基本功（具有較好的腰、腿功夫）外，還要具有深厚的內功。所以想學好它，需要下一番苦功。正所謂「不是一番寒徹骨，哪得梅花撲鼻香」。

學習小架，應先從吳圖南先生的四種太極功（招功、勁功、鬆功、氣功）入手練習（且應終生不輟），使內功不斷增強，自我感覺到元氣充足，

然後即可轉入學習吳圖南先生的定勢架，待把定勢架練到每練一次則有全身放長之感後即可轉入練習連勢。連勢就是把定勢串起來練習。在練習連勢架時，能走出鬆緊勁、輕靈勁就可以練習楊式小架拳了。

吳圖南先生所傳的太極拳，系統性較強，練習時需嚴格按他所規定的程式，缺一不可，否則練出的東西會失去楊式小架拳的獨特拳味。諺云：「打拳如寫字。」如果想學好草書，一定要從正楷學起；同樣，想練好小架，就需從先生的定勢架學起。圖南先生的定勢架即正楷，連勢架即行書，小架則是草書。按此順序練習，才能練出正宗規範的楊式小架太極拳。

問：楊式小架太極拳能自學嗎？如何自學？

答：小架拳在過去是無法自學的。當年，露禪先生將此拳帶到北京後傳班侯，班侯又傳少侯，此拳僅在家族中傳授，基本不外傳。正如少侯先生所說：「太極拳用架為個中之秘，師承傳授代不數人。」所以很難找到真正的傳人。

如今已到了21世紀，人們的思想覺悟大不同前了。大家已充分認識到小架拳是國家的瑰寶，是

我國的優秀文化遺產，並不屬於哪個人所有。真正的傳人，都願意把它呈獻出來，奉獻給人民，貢獻給社會，讓它後繼有人，代代相傳，並發揚光大。特別是吳圖南先生的嫡傳弟子，已把關於學練楊式小架的秘傳技能著文成書，公佈於世。因此，現在已具備了自學的條件，使自學成為可能。

關於自學，可按如下步驟進行：

第一步，練太極功

前面已經說過，學習小架要先從吳圖南先生的四種太極功入手。如何練習太極功呢？前面提到過，香港商務印書館已出版了《太極拳之研究——吳圖南太極功》一書，此書是吳圖南先生講授，其嫡傳弟子馬有清先生編著的。在此書中，馬有清先生毫無保留地和盤托出並講解了吳圖南先生的太極功法，可以按此書逐步練習之。

第二步，練定勢

當你的功法練到有內氣感後，便自覺體鬆，此時即可練定勢架。定勢架可按吳圖南先生在上世紀30年代編寫的《科學化國術太極拳》一書來練，但此書因年代久遠不易找到，可去書店購買大展出版社「老拳譜新編」的吳圖南著《國術太極拳》一書，可按圖索驥一一練來。

第三步，練連勢

學完定勢後，練到自覺身體放長，就可以練連勢。

如前所述，所謂連勢就是把定勢的動作連起來，無間斷地練習行拳走架。連勢架先走出鬆緊勁，繼而再練出輕靈勁，之後就可以練小架拳了。

第四步，練楊式小架太極拳

習楊式小架拳，可按照最近（2005年6月）由大展出版社出版的《楊少侯太極拳用架真詮》一書認真練習。此書為李璉編著，其內容為吳圖南先生傳授。

第五步，找個明白人校正

當你把楊式小架拳整套學習完之後，可在適當的機會請一個明白此拳的同道或老師好好看看，認定後就可以繼續練功了。

第六步，進一步鑽研

如果你練習後對楊式小架特別鍾情，可進一步研究打手之法。可以查閱目前香港出版的太極泰斗吳圖南講授、馬有清編著的《太極拳之研究——吳圖南嫡傳打手要法》一書。若能靜下心來，專心研究，必有所得。

問：什麼人適合練楊式小架太極拳？

答：楊式小架，架高步活、拳勢緊湊、發勁脆快、速度快、難度大，所以對有武術根底、反應敏捷、可塑性強的人比較適合。

由於用架每勢之技擊含義強、運動量大（共200多個動作需在1分鐘40秒內完成），而且，每招（著）每勢要求甚嚴，練起拳來要求鉤掛彈抖、沾離凌空、意勁玲瓏剔透、全身透空、通體貫串、絲毫無間、全神籠罩、氣勢磅礡等，所以有較好的腰、腿功夫的年輕人從學為佳。

問：中老年人如何練習楊式小架太極拳？

答：太極拳在新中國成立後一般作為中老年人養身保健之用，因此在中老年人群中愛好者居多。他們多從國編簡化太極拳24式入手，用88式太極拳作為提高。

另外有些人則練習各式競賽套路並參加各級賽事。其中，有一部分中老年朋友，練功時間長了，想深入瞭解太極拳的內涵，想品嘗一下太極拳的技擊功夫，所以想涉獵楊式小架拳。還有一部分中老年朋友，是楊式太極拳的愛好者，花了多年時間學練了楊式大架太極拳，並系統地練習了器械，也想

學學楊式小架拳以配套成龍。

基於以上情況，我認為，如果你只想涉獵一下楊式小架拳，或想品嘗楊式小架拳的滋味，那就大可不必按前面所講的路子來學，可直接照書或請人傳授。

但是，在學練過程中，一定要注意以下幾點：

①要放慢學習速度，慢慢練習

因楊式小架拳速度快、難度大，尤其是對腰、腿功夫要求高，所以中老年朋友練習時不要心急，要慢慢來學。每次學習幾個動作，日積月累，就可以學完了。

②採取分段練習法

楊式小架太極拳共74式名稱、200多個動作。拳分三個自然段，可以按照其自然段，一個自然段一個自然段地來練。每學會一個自然段後，便可專練這一自然段，把它的拳味、風格練出來後再往下進行。待整套拳架學練完後，可以放慢速度來練，即不一定要在1分40秒內完成。可以根據自己的功力，練習時以氣不上喘為度，逐漸加快，整套拳可在3～5分鐘內完成。

③根據自己的體能來練

學練楊式小架太極拳的愛好者，即使年齡段相

同，但每個人的身體素質也不盡相同。一定要根據自己的體質逐步地練習，不要攀比。每位同仁的武功基礎不一樣，應在原有的基礎上不斷地提高。總之，太極拳愛好者欲深入瞭解楊式小架太極拳，可從練定勢入手，繼練連勢，再練小架。

在練的過程中，可與單式練習結合起來，仔細體會其勁路，從鬆入手把功融於招法之中。整套動作完成之後，再把它練順，使之無一處不輕靈、無一處不堅韌、無一處不沉著、無一處不順遂，若練至此，即告成功。

原載《太極雜誌》2005年第4期

德藝風範澤後人

——憶在恩師董世祚先生身邊學拳的日子

回想起五十六年前，在董老（世祚）門下學拳的日子，彷彿就在眼前。

我是由堂叔介紹去董老那裡學拳的，當時董老看我年齡小，不教我拳，僅讓練習站樁，一站就是三個月。當時，我什麼也不懂，老師講如何練就如何練。

經過三個月後，接下來，學習太極拳的基本功單姿勢。所謂單姿勢，就是一個樁功在原地反覆練習。實質上，是勁功與樁功相結合的練習法，也可以稱勁功或活樁功。主要練習腰、胯、腿，鍛鍊人體中、下部的力量。也是練太極拳最重要的基本功之一。經過一段時期的練習後，方開始授拳。

董老教拳與一般教法不同。他三天給我講一式或者五天上一式。他講的每一式，你回去練，認為練好了，他看了滿意了，再給你講下一式。如果，你一式未達到要求，一直等你練好後再往下講。

這樣一套拳整整講了一年半，也練了一年半方

結束。看著學的慢，實質上是快。等拳學完了，基本上也定架了，無需反覆地改正。

　　董老給我講的拳架與現在社會上流行的楊式太極拳拳架不同。它是一套大開、大合，拳架走起來，以腰胯為主，每式可連，也可停。它的拳式程式與社會上流傳的85式傳統楊式拳相同。如果按每式2～3個呼吸法來練習，那麼這套拳就相當於85式傳統楊式拳的樁功了。可知其功力之大小。演練此拳，一定要到位，每個動作、每個方位均要清楚，走起拳架來一定要方方正正的，後來我們俗稱它為「方架」。練太極拳者均知，練拳時要先求方、後求圓，然後再方圓相生。

　　練了若干年之後，方知董老教我的這套拳是楊式傳統練功架，也稱「大功力架」。一般是不傳給外面的，僅在楊家入門弟子內傳授，在楊家弟子內若年齡比較大一些的，一般傳授「養生架」。

　　練功架，也稱謂八五式，八五式是指八法及五步，拳譜為八十一式。它的由來是九九八十一式，也有九九歸一之意。

　　現在，回憶起來，董老教我練習太極拳的程式是科學的。因為，我學拳年齡小，不易定心，因此要我站樁，站樁是武術的入門功夫。一切武術均

是由樁功開始。樁站好了，心也靜了。開始練習勁功及勢功（即單姿勢），到有了勁力，腳下也有根了。然後才開始習拳架。拳論云「先開展，後緊湊」。因此教我一套大開大合、對稱拉長的「練功架」，使全身放長。然後再圈起來走85式傳統楊式拳。我們俗稱練功架為方架，85式傳統楊式拳為圓架，因為它一切要按規矩走圓。也正如人們所說，打拳如寫字，先寫正楷後再練行書。

　　練了幾十年的太極拳，有一點體會，想練好太極拳，一定要從築基功夫練起，基本功練好了，再認真按規矩練拳，今後的一切就好辦了。如果不打好基礎，想一下子把太極拳練好，也不是一件易事。

2010年3月

深深懷念的歲月

——紀念吳式太極拳名家劉漢三先生誕辰110周年

一提起劉漢三先生，在上世紀70年代初，哈市晨練的太極拳愛好者們，對他不會太陌生。

劉漢三（字作傑）先生是天津人，吳式太極拳名家。上世紀70年代初的一個夏天，由哈市吳式太極拳名家王歷生先生的大弟子老孔，從天津邀

劉漢三先生（1973年攝於哈爾濱兒童公園）

請他來哈爾濱渡假的。居住在南崗區革新街原電廠的家屬宿舍。當時，由老孔的師弟哈爾濱亞麻廠的王金成師傅前來告知，說他師兄老孔，從天津請來一位太極高人，此人拳打得好，手推得好，太極功夫好，希望我們能去拜訪他。當時，我岳父梁孝義住在南崗區光芒街86號，是一套俄羅斯風格的大院。院內有一個四百平米的後花園，我們在這裡開闢了一個拳場，早晚在院內練功。當時，在一起練功的有我、我岳父、好友關鐵銘及劉少偉等拳友，亞麻廠王金成師傅也經常來玩。

　　為了慎重起見，我們考慮再三，最後，決定請現哈市吳式太極拳名家戰波先生及吳式太極拳研究者關鐵銘先生兩位代我們前去拜望劉漢三先生。

　　戰波先生和關鐵銘先生拜訪回來說，劉漢三先生確有真功，決定請先生出山。不日我岳父梁孝義設家宴，款待劉漢三先生，並請戰波、關鐵銘、王金成等幾位特邀拳友伴同。我是在這次聚會上認識劉漢三先生的。

　　先生時年73歲，身高1米80，身材魁梧，體態勻稱，康泰，目光有神，神氣從內向外透出，精神狀態極佳。一打眼，就給人感到是一位得道高人。從他的言談舉止，根本看不出是一個70多歲的長

者。整個下午在談論太極拳及內功中度過。大家談興很濃，最後商定，替先生在南崗兒童公園及道里江畔各開一個班。

先生單日在兒童公園授拳，雙日去道里講學。除此之外，還在我岳父處單獨為我岳父講拳，每天還抽出時間來給關鐵銘講解拳法。凡是劉先生在外開拳或回來後同我岳父及關鐵銘講拳，我均一一伴同。

先生拳講得好，比喻生動。手、眼、身、法、步，處處交代清楚，精神、氣、力、功，講得句句深透。尤其是，對內家拳法的特點、注意事項，逐一交代。聽他的課，收穫倍增。

劉漢三先生太極拳拳勢照（1973年攝於哈爾濱兒童公園）

在我練拳的生涯中，劉先生對我的影響是深遠的。在他的身上，不但學到了拳技，而且懂得了什麼是真正的吳式拳，並知道了吳式拳與楊式拳的區別。

先生從天津來哈一共四次。我們相邀了三次，最後一次，也就是第四次來哈，聽我岳父說，是道外馮大爺請的，很遺憾我沒有見到，當時我岳父前去拜望過。其時先生已經80多歲高齡了。我們相邀三次中，第一次講拳，第二次改拳、批拳，第三次講推手。

先生第一次來哈是1973年，時年73歲。按此推去，先生生於1900年，於1994年仙逝，享年94歲。今年2010年，恰好是先生誕辰110年。

為了紀念先生誕辰110年，我打開了先生當年講課的筆記及先生離哈時留下的拳訣，閱後感觸頗多，深有啟示。

借此之際，我把這位太極老人留下的他一生對太極拳的理解，公示於眾，希望太極拳愛好者看後有所啟迪。我想，也許這是對他老人家最好的紀念。

先生練的是吳式太極拳，他告訴我，他的拳是跟吳鑒泉先生晚年一個學生學的。學後加上他自己

的體悟，加上陳式太極拳的小圈（他在北京時，是陳發科的鄰居，常看陳發科先生練拳），形成了他自己獨到的風格。

現把劉老留下的太極拳論三篇，敘述如下。

一、談練拳

太極為道家之功，因先練氣後練拳。拳為氣之行。勁由內發出於外。中氣要養，發勁如油鍋點水之勢。柔術以陶養性情。發勁時，力求剛強。勁為彈、韌相乘。陳氏拳為纏絲勁，楊氏拳抽絲勁法，吳家拳為楊式大小相湊。

勿在濕處練拳，看拳要看過渡，彎角處要瞭解

劉漢三先生拳勢照（1973年攝於哈爾濱兒童公園）

小動作，轉關處要折疊。要多盤架子，要點、要批，要講結構。要下工夫練拳，後推手。練拳下身往上時，頭頂懸不能丟，要含胸。

練拳要由內往外，後從外往裡。視野往前行，後走動作，外圓內方，意念方、外面圓。虛實變換要清楚。走架時，手前去為鬆，到頂點「呼」為發勁。手回來要想「輕」字為化勁。走架時須圓襠。

二、吳氏架要點

走架輕靈、活潑、圓活。虛實清楚。每個動作階段要清晰，轉換、折疊明顯。

勁點，即連接點明確。腰勁，即腰動清楚。全架均貫穿矛盾勁，即對抗勁，可謂六面勁：

(1)上肢，手—肩對掌勁。

(2)雙腿的前腿搬膝，後腿的蹬勁。

(3)虛領頂勁與鬆腰坐胯勁。

(4)前膝外旋勁，足內收勁。

(5)腳步變換靈活，配合手的勁點。

(6)轉換注意虛實很重要。

全架體會到：體用兼顧，對身體有益。

盤架時，精神輕鬆，愉快，旁觀者亦認為美觀、活潑。

三、論太極

基本構思：

任何拳術中，武功技擊法中獨一無二的，是老莊哲學在拳術中的體現。用於政治上，是清靜無為的黃老之術。用於民拳上，是以柔制剛的太極拳。道理一樣，以自然柔勁、軟、沉著、安靜為主旨。基本要點是保持自己的重心，設法破壞對方的平衡，破壞對手的平衡卻並不主動出擊。

閃是利用對方出擊時，必然產生的主平衡，加上一點推力、助力加深他的不平衡。

(1)講以靜制動，四兩撥千斤，力氣的來源在於對手，我是轉移對方力氣的方向，使他失敗。（作用點的變換）

(2)我方始終保持重心平衡，他不來打我，就不會失敗，應不主動攻擊對方。

(3)事物永遠在變動之中，永不停頓，弧形的弧線比直線能負擔更大的力量，速度不是最重要的。要旨是永遠保持平衡和穩定。

(4)推手重要的是憑敏銳的感覺來捉接對方手力、道中的錯誤及缺失。重要的是自己沒有錯誤。對方敗不敗，沒有多大的關係，對方如不好自為

之，遲早必敗。

(5)道家哲學並非純是守勢。

後　記

後閱吳公藻編《太極拳講義》一書中金庸所做書跋，發現其數處文字語句暗合，概為當年劉先生讀此書後筆記及心得？

2010年6月

揮之不去的情結

——吳圖南先生弟子張宇在哈爾濱傳拳記
及緬懷馬有清先生

　　前些天，一弟子告訴我，吳圖南先生的嫡傳弟子馬有清先生於七月三日凌晨二時許，在北京協和醫院謝世了。享年84歲。得知這一噩耗，我十分震驚和悲慟。這些日子，心裡非常難過。

　　因為：吳圖南先生一生只有兩位入室弟子，一位就是馬有清先生，另一位是新加坡的沈保和先生。馬有清先生的辭世，意味著當今德藝雙馨、練打俱佳的太極拳名家又少了一位。

　　吳圖南先生晚年，在文革那樣一個動盪的年代裡，還親自傳授了兩位少年，一位是李璉，一位是張宇。一教就是20年。由於種種原因，吳圖南先生謝世後，劉桂貞（吳圖南先生夫人）命李璉拜馬有清先生為師，尊稱吳圖南先生為師爺。

　　張宇是北京知青，當時響應祖國的號召，到內蒙古插隊落戶。上世紀70年代初，當時國家推薦一批工農兵學員到大學去學習，張宇被推薦到哈

爾濱的黑龍江中醫學院上學。我有幸在哈市結識了他。當時,在兒童公園(北京站)認識時,他拿出了吳圖南先生寫給他的親筆信,信的台頭,吳圖南先生稱他為「張宇生」,信的最後落款是「師吳圖南」。我們相互切磋了拳藝,並成為摯友。

說來也巧,第二年我公出去四川,路經北京,帶著張宇的信拜訪了李璉先生,並由李璉的引見,拜見了吳圖南先生。當時圖南先生在北京天文館授拳。先生時年90歲,很健談,精神矍鑠,高高的個子,帶著一副黑色水晶茶鏡,蒼髯隨風飄擺,一

王培昌(左二)與關鐵銘、劉少偉、張永好於1972年
向張宇(右二)學習吳圖南式太極拳及楊式小架

身寬大的中式藍布褲褂，足下一雙千層底布鞋，懸頂立腰地站在那裡，一派仙風道骨。根本看不出是一位90歲的長者。

這是我首次見到先生並向他求教。然後幾天，我每天去天文館，看先生授拳，並求教先生，每每提出拳法、拳理及太極技擊方面的問題，先生都是捋著銀鬚，有條不紊地、循序漸進地一一講解，令我茅塞頓開。五天後，我拜別了吳圖南先生，便進川了。

從四川回來，就開始跟張宇系統地學習吳圖南的太極拳了。

吳圖南先生傳授的太極拳，與外界練的太極拳有所不同。先生的拳有定勢及連勢兩種練法。

首先練時，應練定勢。定勢是把拳架作為樁功，一個、一個地練，每個動作不但要求姿勢準確，中規中矩，而且動作到位後，姿勢不變，停頓一至六個呼吸，猶如站樁，等整套練完了，練熟了再串起來，作為連勢來練。

經云：「先求開展，後求緊湊。」吳圖南先生說過：「定勢是吳家練習太極拳基本的功架，其目的在於加強對自身毅力、體質的修煉，使太極拳內功得到不斷的增長。連勢，連勢者，進退抽添，

勢勢相連；開合虛實，變化不斷，拳勢應如行雲流水，連綿不斷，韻趣自然，故為連勢。」吳老曾說過：「要把太極拳練好，除了有真傳外，你必須有萬夫不當的勇氣、不屈不撓的毅力和本性難移的精力，否則將功虧一簣。」又說：「而其要，則在乎練，絕無其它捷徑可走，不像登泰山，可以坐纜車登上山頂達到南天門，這得一步一步，寸步難行拾級而上。」

所以吳老的拳，一套分兩種練法，這是要花費一定的工夫的，否則，你是練不好拳的。

之後，學習吳式太極劍（乾坤劍）、太極刀（內家拳太極功玄玄刀），以及吳式推手，最後向張宇學習了吳圖南先生的絕響楊式小架太極拳（此拳也稱楊少侯太極拳用架），此拳彌為珍貴。此後，黑龍江省中醫學院從東香坊移回安樂街的現地址，張宇住校，我每天清晨到中醫學院同張宇一同練拳，切磋拳藝，歷時一年整。張宇畢業後，被分配到佳木斯醫學院工作，後考上北京中醫研究院研究生班學習。畢業後分配到北京中醫研究院西苑醫院，我曾去北京看望過他，後有兩次進京向吳圖南先生求教。

時間過得飛快。一轉眼，這些是整四十年前的

王培昌楊式小架太板拳拳勢照（2009年攝於哈爾濱文廟）

事了。在這四十年裡我一直留意及關心著吳圖南先生留下的這一支純正的楊、吳太極拳術。

　　吳圖南先生1989年離我們遠去了。之後由吳圖南的嫡傳弟子馬有清先生在香港負責傳播吳圖南先生留下的拳藝。為了保住其純潔性，吳圖南先生留下的這一支，很少參加各種大型比賽及表演活動。一直低調地在傳播著。

　　1984年7月由香港商務印書館（香港）有限公司出版發行了由太極泰斗吳圖南口授、馬有清編著的《太極拳之研究》第一集。

　　該書彙集了太極拳研究及養生、打手的豐富極具價值的珍貴史料，並首次公開了瀕於失傳的楊少侯的太極拳快架。2004年以後馬有清先生又相繼出版了《太極拳之研究——吳圖南太極功》《太極拳之研究——吳圖南嫡傳打手要法》《太極拳之研究——太極拳用架（快拳詳解）》《太極拳之研究·行功（慢架）》《太極拳之研究·太極功玄玄刀》《太極拳之研究·太極劍》等一系列著作，把吳圖南先生一生對太極拳的研究公佈於世。

　　李璉先生，跟隨吳圖南先生二十餘年，盡得所學。我曾在上世紀70年代初與李璉先生有一面之交，雖見面幾日，但如今還歷歷在目。近年來李璉

先生在治病救人之餘，還弘揚吳圖南先生之拳藝，出版吳圖南先生傳授《楊少侯太極拳用架真詮》及《太極拳練架真詮》二書，拜讀後，獲益匪淺。

張宇先生，我於上世紀80年代初去京看望，至今也有快近30年了。過後聽說，他東渡扶桑去了，不知何日回歸。

沈寶和先生，身在新加坡。吳圖南先生一生教人無數，但得其真傳者位數不多。雖馬有清先生和李璉先生把吳圖南先生的拳藝成書，廣為流傳於世，但太極拳正如吳先生所說是口授之學也。

很是遺憾，吳圖南先生拳學的當家人馬有清先生走了。據我所知，國內學得最完整，最能體驗吳圖南拳學思想及拳藝者，僅李璉先生了。

我習拳至今快六十年了，在這六十年的習拳生涯中，吳圖南先生是我最敬重的導師之一，他的拳學思想及拳藝也是我最敬佩、推崇的。先生走了，離我們遠去了，他的嫡傳弟子馬有清先生也走了。我深深地為此悲痛。誰來擔起這副重擔呢？我想在國內只有李璉先生了。我深信不疑。李璉先生一定會把先生的學術思想及拳藝，毫無保留、廣泛地傳播下去，這就是傳承。我們需要這樣的傳承。

作為學到鳳毛麟角的我，我想，我也有一份責

任（盡我所能），把吳圖南先生的拳藝傳下去。這麼好的拳，這麼好的功夫不多了。

得知馬有清先生不幸離世，悲痛與惋惜之餘，心裡像打翻了五味醋似地，不知什麼滋味。我與吳圖南先生這一支有緣，寫下這段文字謹表緬懷之情。

2012年8月

導引養生功

全系列為彩色圖解附教學光碟

張廣德養生著作　每冊定價350元

輕鬆學武術

太極跤

彩色圖解太極武術

歡迎至本公司購買書籍

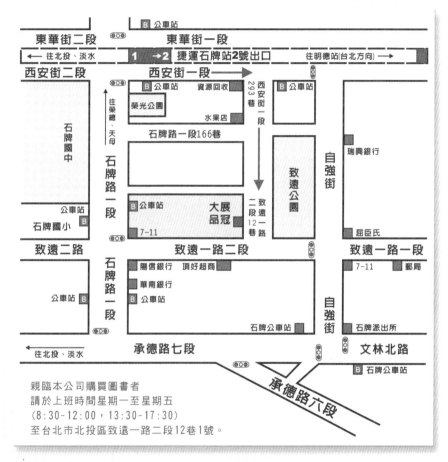

親臨本公司購買圖書者
請於上班時間星期一至星期五
(8:30-12:00，13:30-17:30)
至台北市北投區致遠一路二段12巷1號。

建議路線

1.搭乘捷運

　　淡水信義線石牌站下車，由月台上二號出口出站，二號出口出站後靠右邊，沿著捷運高架往台北方向走(往明德站方向)，其街名為西安街，約80公尺後至西安街一段293巷進入(巷口有一公車站牌，站名為自強街口，勿超過紅綠燈)，再步行約200公尺可達本公司，本公司面對致遠公園。

2.自行開車或騎車

　　由承德路接石牌路，看到陽信銀行右轉，此條即為致遠一路二段，在遇到自強街(紅綠燈)前的巷子左轉，即可看到本公司招牌。

國家圖書館出版品預行編目資料

傳統楊氏85式　太極拳拳譜／王培昌　著
　　──初版──臺北市，大展，2018 [民107.08]
　　面；21公分──（楊式太極拳；14）
　　ISBN 978-986-346-219-4（平裝　附數位影音光碟）
　　1. 太極拳
　　528.972　　　　　　　　　　　　107009292

傳統楊氏85式　太極拳拳譜 附DVD

著　　者／王　培　昌
責任編輯／謝　建　平
發 行 人／蔡　森　明
出 版 者／大展出版社有限公司
社　　址／台北市北投區（石牌）致遠一路2段12巷1號
電　　話／（02）28236031・28236033・28233123
傳　　真／（02）28272069
郵政劃撥／01669551
網　　址／www.dah-jaan.com.tw
E-mail／service@dah-jaan.com.tw
登 記 證／局版臺業字第2171號
承 印 者／傳興印刷有限公司
裝　　訂／眾友企業公司
排 版 者／千兵企業有限公司
授 權 者／北京人民體育出版社
初版1刷／2018年（民107）8月

定　價／380元

大展好書　好書大展
品嘗好書　冠群可期